戦国最強の水軍村上一族のすべて●『歴史読本』編集

戦国最強の水軍 村上一族のすべて

瀬戸内の覇者 村上一族の実像と軌跡

殺戮と強奪の海に武威を張った海のサムライたち。
三島村上水軍の栄枯盛衰の軌跡を追う…。

瀬戸内海賊の跳梁した海

中島篤巳（作家）

「熟田津《にぎたづ》に船乗りせむと月待てば、潮もかなひぬ、今は漕《こ》ぎ出でな」（額田王《ぬかだのおおきみ》『万葉集』）

斉明《さいめい》天皇七年（六六一）、百済《くだら》の救援要請で日本海の荒海を渡る悲壮な船団の歌である。伊予国（愛媛県）の熟田津は瀬戸内水軍の中心地の一つで、現在の松山市三津浜《みつがはま》付近とされている。

一月六日に難波津《なにわのつ》を離れ、同月十四日に「伊予の熟田津の石湯《いわゆ》の行宮《かりみや》」（『日本書紀』）に着岸。石湯とは道後《どうご》温泉のことであり、当時は道後温泉付近まで船団を進めていた。潮待ち、風待ちの伊予国。ここに水軍発達の歴史的必然があった。

一方、古代律令国家の大動脈として唯一「大路」と呼ばれていた山陽道も、大量安全輸送路の瀬戸内交通路にとって代わられる。しかしその海も、決して安価な交通路ではなかった。

歴史の表舞台に躍りでた海武士たち

日本武尊《やまとたけるのみこと》（景行《けいこう》天皇の皇子小碓尊）の熊《くま》襲《そ》征伐の時、「塩飽《しわく》の海では悪神が西国の船を襲っていたので、尊はこれを退治した」（『景行記』）という伝承や、五世紀には「播磨国で文石小麻呂《あやしのおまろ》なる人物が船を襲って積荷を奪った」（『雄略記』）など、海賊の出現は海上父通の歴史と同時に始まったようだ。

瀬戸内海は約六時間間隔で潮流が東へ西へと変わり、海峡で激変する急流と岩礁に喘《あえ》ぎながらゆっくり航行する。そんな難所も海人には箱庭も同然で、地の利に長じた海賊の強さは推測に難《かた》くない。

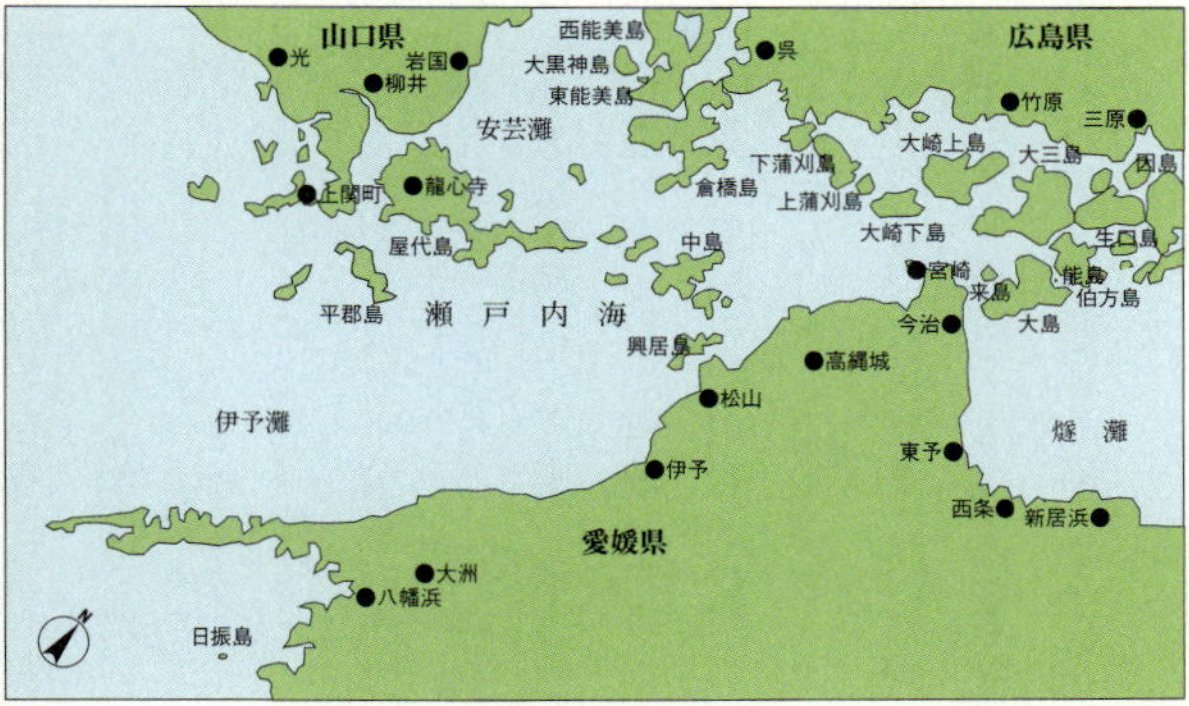

三津浜の渡し場（愛媛県松山市港山町）背後の湊山城は河野通春の海城と伝える

承和五年（八三八）に南海道と、山陽道の国司《こくし》たちに海賊制圧の命が出されており（『続日本紀』）、また『三代実録』には「近来、伊予国宮崎村に海賊群居し、掠奪すること尤《もっと》も切《しき》りなり、公私の海行これが為に隔絶す云々《うんぬん》」とある。〝宮崎村を拠点にした海賊が暴れ、うまく逃げ回って鎮撫不可能〟だった。宮崎村や今治市北端の大崎鼻、来島《くるしま》を結ぶ線上が伊予海賊の発祥の地ともいえる記述である。

宮崎村とは、愛媛県今治市波方町宮崎であり、海賊の宮崎城跡や「お頭の家跡」「御崎砦跡」、梶取ノ鼻狼煙場《のろしば》跡などの遺跡がある。

宮崎城跡（今治市波方町）戦国期の来島村上氏の城

防予と芸予の海は、殺戮《さつりく》と略奪、そして婦女子陵辱《りょうじょく》の海。紀貫之《きのつらゆき》の『土佐日記』（承平五年＝九三五頃）にも「国よりはじめて、かいぞく（海賊）むくひせんといふなる事をおもふうへに、海のまたおそろしければ、かしら（頭）もみなしら（白）けぬ云々」とあり、〝海賊の恐怖感で髪も白くなる〟と、海賊の襲撃は日常茶飯事の出来事のように記している。

海賊成長の起爆地―日振島

愛媛県宇和島市から一時間で船は日《ひ》

藤原純友が拠ったと伝える日振島の城ヶ森城跡

振島《ぶりじま》明《あ》海《こ》の港に入る。日振島は北側に速吸《はやすいの》瀬《せ》戸《と》を配し、海岸線を荒波と急崖とで武装し、大分県との中間点に居座って豊予海峡をわが手に押さえている。

『土佐日記』直後の承平六年。「六月某日、南海賊徒首藤《ふじ》原《わらの》純友《すみとも》、党を結んで伊予国日振島に屯《とん》聚《しゅう》し、千余艘を設

け、官物私財を抄劫《しょうごう》（略奪）す」（『日本紀略』）。

すなわち伊予の（前）掾（国司三等官）であった藤原純友が瀬戸内各地の海賊衆の長《おさ》（魁帥《かいすい》）に指令して、この日振島に総数〝千余艘〟の船を集結させた。その活動範囲は瀬戸内海全域から九州大宰府、紀州和歌浦にまでおよんでいる（承平・天慶の乱）。その海賊ぶりは防予、芸予、塩飽諸島の海賊や熊野海賊などに大きな影響を与えた。おまけに陸の朝廷は海賊には無力。追捕使《ついぶし》軍は連戦連敗で讃岐の国府まで焼かれるような有様だった。

しかし、長期戦は消耗戦。賊軍はやがて結束が乱れ、ついに純友軍の次将・藤原恒利《つねとし》が離脱して官軍に加わったことで純友軍の砦、隠れ家、館、海陸の通行路などが官軍の知るところとなる。純友軍は「陸路を防がれ、便路を絶たれ、海上の泊まるところを追われ」（『扶桑略記』）て筑前博多津《はかたのつ》へ逃走し、大宰府を火の海にした。そこで追捕使の小野好古《よしふる》に敗れ、伊予国に落ち延びたところを伊予国警

瀬戸内海を制した平氏が氏神として建立した厳島神社

固使橘遠保《とおやす》に捕捉されて息子と一緒に斬首、首は京へ送られた（諸説ある）。

明海港を見て左の尾根（標高八〇メートル）が純友の城ヶ森城跡である。港から十分少々登ると、「藤原純友籠居之趾」の石碑がある。削平《さくへい》された郭《くるわ》跡、井戸跡や本丸跡、堀切などがある。〝えじが森〟

おり、城ヶ森から引き返したほうがよい。登山口の民家脇には純友軍の水場「みなかわの井戸」もある。

山頂（標高一五九メートル）は見張り場跡だが、道が荒れて

武士の内海支配

平安末期には海賊の跳梁《ちょうりょう》が本格化し、平正盛《まさもり》がその追捕使に任命された。それは平氏が西国の海の支配権を手にしたということであり、子の忠盛《ただもり》も父と同じ道を歩む。そして肥前神崎《かんざき》荘の預所の地位を利用して日宋貿易を始め、富を得、さらに追捕した賊を自己の武士団に編入して瀬戸内制海権を強化していった。

その子清盛《きよもり》は日宋貿易、音戸瀬戸《おんどのせと》の開削や大輪田泊《おおわだのとまり》の修築、厳島《いつくしま》神社を平氏の氏神《うじがみ》にするなど、瀬戸内から大陸航路までを完全に掌握した。注目すべきは、伊

屋代島より遠く忽那の島々を望む

予国を知行地とし、子の重盛《しげもり》を伊予守に任じたことである。これまでは伊予国の在庁官人として河野《こうの》（中予地方）、新居《にい》（東予）、別宮《べつみや》（越智郡）氏が海を支配していたが、今度は平氏という中央権力が半漁民の伊予海賊を半武士海賊へと育てあげることになった。家人《けにん》として配下編入の手始めが在庁官人であり、新居氏や高市《たかいち》氏などがそれであった。

平氏方の新居氏に対抗し、境を接する河野氏はあえて旗揚げ直後に源氏に与《くみ》する。源氏方には三浦水軍、房総水軍、伊豆水軍など太平洋の波を乗り切る海賊衆がいた。そんな兵との共闘態勢で時の権力に歯向かう。ここに河野水軍の急成長が始まった。

余談だが、平安末期に太平洋の彼方にも海賊がいた。東京から数百キロ離れた伊豆諸島、小笠原諸島がそれである。南伊豆で語られる「久安の頃（一一四五～五一）、多々渡浜《ただどはま》に八丈島から悪鬼どもが来襲して来たが、地元の藤原近信ら諸氏が奮戦して撃退した」という海賊伝説が興味深い。

さて、この頃の河野通信《みちのぶ》はまだ陸上武力の時代であり、海上勢力は『吾妻鏡』に〝兵船三十艘を率いて屋島の源義経《よしつね》の麾下《きか》に入った〟程度にすぎない。三十艘は西国の国衙《こくが》配置の船所、すなわち国衙水軍の動員である。

河野氏の居処は松山市の西に広がる風早《かざはや》平野である。西に忽那《くつな》七島が展開し、東側は標高九八六メートルの高縄山《たかなわやま》が背面をかためる。居城は高縄城であるが、高縄山頂には城跡はなく、中腹に見張り場と思われる削平面がある（道はない）。高縄城は善応寺地区にある雄甲《おんごう》山城、雌甲《めんごう》山城など四城の総称とされており、近くには溜池を海に見立てて建てられた河野神社がある。なお、大三島の大山祇神《おおやまつみ》社は河野氏の氏神であり、瀬戸内水軍全員の絶対的崇敬をも集めていた。

高縄山中腹から忽那の海を望む（愛媛県松山市）

通信は源平合戦では平氏に追われて安芸の沼田《ぬた》城に逃げ込み、沼田氏とともに平氏と戦ったが、ここで九死に一生を得て伊予に逃げ戻った。長門国壇ノ浦の合戦では平家方の紀伊熊野水軍（別当湛増《たんぞう》）が寝返り、源氏方は河野、熊野、松浦《まつら》水軍（肥前）などの優秀な水軍力で平氏を圧したのである。

ちなみに、源氏は赤間関（関門海峡）の潮流に乗って打ち勝ったとされるが、最近の調査で壇ノ浦合戦の日は小潮だから内海と外海との干満《かんまん》の差が小さくて、潮流の速度は遅かったということが判明した。すなわち源氏の勝因は潮流ではなく、純粋に水軍力の差だったということになる。

沼田城で敗れた沼田氏は平氏方となったため、平氏滅亡後、沼田荘は平家没官《もっかん》領《りょう》となり、東国武士の西遷で相模国土肥《どい》郷の土肥実平《どいさねひら》が入部した。小早川《こばやかわ》と改姓して古高山《こだかやま》に築城、戦国期には新高山《にいたかやま》へと移り、村上水軍を掌握するために沼田川河口に海城《うみじろ》の三原《みはら》城を築いて内海の要《かなめ》とした。

瀬戸内海を制した三島村上水軍

海賊は海上に漂う城にいる。陸の城主との主従関係は、海に漂うごとく臨機応変だ。戦略的・経済的海上交通の技術は誰にも真似できない戦力だから、従軍交渉のハードルは高い。

海賊業は南北朝期には一気に組織化し、行動も目立ち始める。さらに室町・戦国期には細い絆《きずな》で大名の配下に組み込まれて安全保障を選ぶ生活へと変わるが、配下となっても海では常に実権を握り続けた奇妙な集団である。

伊予海賊衆は南朝方だが、安芸小早川一族は北朝方。鎌倉幕府直轄の地頭である忽那氏や村上水軍も河野氏の麾下だったが、両氏は当主河野通盛《みちもり》が北朝幕府方に与《くみ》すると離反し、南朝方を堅持する。通盛は身近な南朝方と対峙することとなり、本拠を道後の湯築《ゆづき》城に移し、高縄の居館跡地には善応寺を創建して菩提寺とした。安芸側の情勢は、小早川氏は小泉、浦《うら》、生口《いくち》氏など庶流の海賊を動員して芸予諸島を掌握し、東寺《とうじ》領弓削島《ゆげのしま》荘の所務代官職や因島《いんのしま》荘の地頭職などとなった。

三島《さんとう》（能島《のしま》・来島《くるしま》・因島）村上水軍の同属意識は、村上義弘《よしひろ》からの分脈や疑問多き北畠師清《きたばたけもろきよ》系の系図などに表現されている。しかし、この同属意識は純粋な血縁関係の存在ではなく、外部環境が大きく関与したようだ。三島村上氏がそれぞれの地域に勢力を確保したのは十五世紀中頃であり、なかでも能島村上氏は私的関所を各所に設け、警固料と称して帆別銭《ほべちぜん》や駄別銭《だべちせん》などの関銭《せきせん》徴収（収穫）で勢力を伸ばしていった。

海賊にはそれぞれ縄張り（島）がある。海賊が共存し、関銭を公平効率的に徴収するには、因島・来島村上氏は最大勢力の能島村上氏と連携強化を図る以外にない。それには同属関係が一番よいのである。

ところが、三島村上水軍の結束は意外に緩《ゆる》く、独自の行動が目立つ。たとえば元亀二年（一五七一）に能島村上武吉《たけよし》は毛利氏から離反したが、すぐに小早川、来島村上、因島村上の水軍に能島城を封鎖され、天正十年（一五八二）に来島村上水軍が豊臣方に鞍替えすると、今度は因島・能島水軍が忽那島沖で来島水軍を撃破している。

因島水軍

因島村上氏は室町初期から因島に勢力を伸ばし、砦をあちこちに構築した。長崎城、青木城、そして関所の美可崎《みかさき》城が鼻ノ地蔵哀史を今に伝える。

ほかにも村上吉房《よしふさ》の幸崎《さいざき》城、南朝方で古戦場跡の堂崎《どうざき》城跡、村上丹後守の土居《どい》城跡などがある。ただし、一ノ城跡は蒲刈《かまかり》小早川氏、千守《ちもり》城跡は小早川氏の居城だ。島中央部の青陰《あおかげ》城が有名で、村上義弘《よしひろ》の城とも語られる。しかし、これは水軍城ではなく後世の戦国中世山城跡という説が有力。村上水軍の資料を展示する因島水軍城、金蓮寺《こんれんじ》（村上水軍の墓所）などの観光地もある。市片舎前の亀島《かめじま》は村上直吉《なおよし》の竹島城跡だ。

因島村上氏は備後守護の山名《やまな》氏と結んで遣明船の警固をし、大内氏が優勢になるや大内に付く。五代尚吉は大内義隆《よしたか》から備後鞆浦《とものうら》の地を拝領し、子の亮康《すけやす》を鞆港の大可島《たいがしま》城に入れて鞆浦滞在中の将軍足利義昭《よしあき》の警固にあたるなどの活躍ぶりである。そして毛利氏が台頭してくると、毛利氏と運命を共にする。関ヶ原合戦の毛利藩長州移封で今の山口県に移り、亮康の兄である六代吉充《よしみつ》の孫・元充は現・防府市で毛利藩御船手組頭《おふなてくみがしら》七人の一人となった。

来島水軍

来島村上氏の祖顕忠《あきただ》は瀬戸内最難所の来島海峡の要衝、来島に城を構え、河野

因島の青影山の山頂にある青陰城本丸跡（広島県尾道市）

家臣団では三島村上の筆頭にあり、戦国期は毛利配下で活躍した。しかし、秀吉の毛利水軍分裂工作に陥って三島村上から離反したために能島、因島両家から猛攻を受け、当主通総《みちふさ》は来島城をいったん捨てた。秀吉の四国征伐では先鋒として伊予に猛攻をかけて、その恩賞として風《かざ》早《はや》郡一万四千石を拝領。大名となったため、通総は不要となった小さな来島城を廃した。

残念ながら、文禄・慶長の役で来島村上通之《みちゆき》・通総兄弟は朝鮮で討死し、松山市の大通寺に葬られている。この時、小早川隆景が朝鮮から持ち帰って奉納したという高麗鐘が竹原市の照蓮寺にある。ところが、高間清尚住職と韓国の歴史学者が調べたところ、これは唐との交易で輸入された梵鐘を隆景が購入し、寄進したということが判明した。

関ヶ原の合戦では通総の次男康親《やすちか》は西軍からのちに東軍に転身したが、山深い大分県玖珠《くす》町の森藩陣屋地に移封された。禄高は一万四千石。徳川幕府の一国一城令で二万石以下は城郭が持てない。そこで康親は難攻の中世山城、角牟礼《つのむれ》城（標高五八〇メートル）を背負った陣屋を構え、二代通春は来島を久留島と改め、森藩は十代二百六

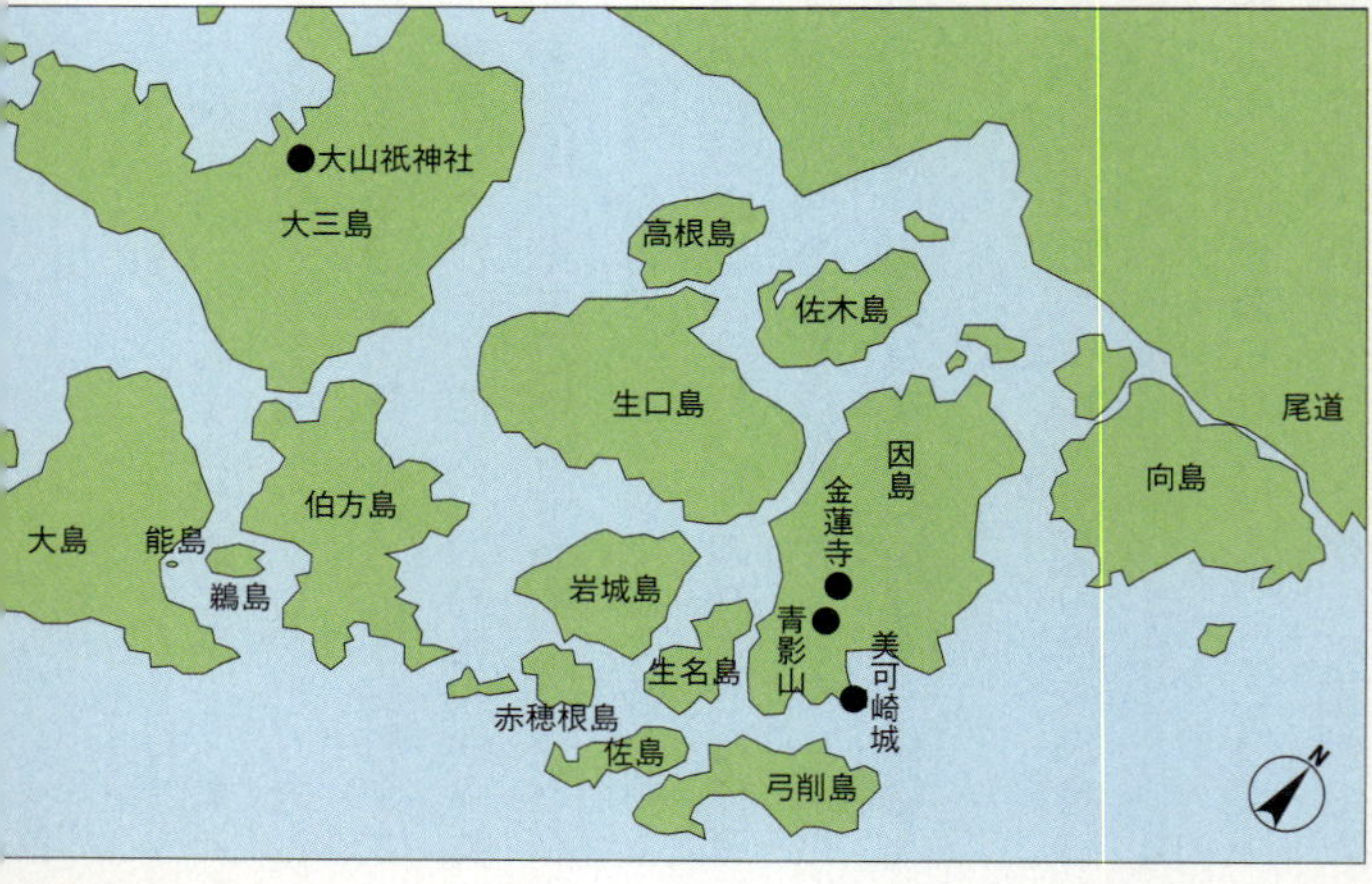

十年を乗り切って幕末を迎えた。町の人がいう〝日本一小さな城下町〟の藩主菩提寺は安楽寺である。

能島水軍

能島村上氏は最も海賊的であった。今治市大島には宮窪城、証明寺、謎のコウガ屋敷跡、能島村上武吉の能島城、武吉と相続争いをした能島村上義益《よします》の中途《なかと》城、交易品がたくさん出土した見近島、水軍武将の墓が並ぶ高龍寺、亀老山隈嶽《くまがだけ》城と村上義弘の墓などがある。武吉は大内義隆から瀬戸西部の山口県上関《かみのせき》での関銭徴収も許され、瀬戸内中央部では本太《もとぶと》城に部下の島吉利を入れて塩飽諸島の戦略拠点としている。

当時を象徴する海賊行為として、大内義隆を討った陶晴賢《すえはるかた》の軍船が関銭を払わずに上関を突破するや、武吉はすぐに三島村上水軍を総動員し、安芸蒲刈《かまがり》で撃破

潮流に守られた海の要塞、来島城跡（愛媛県今治市）

三可崎城跡（広島県尾道市）手前の入江は舟隠しである

した。厳島合戦では陶方の周防屋代島《やしろ》衆や宇賀島《うが》衆らと対決し、門司《もじ》城攻防戦では毛利方として大友氏と戦った。のちに武吉は毛利に離反して大友に走ったために小早川、来島、因島水軍に攻撃されたが、再度毛利に帰属することになる。

小早川隆景は秀吉の九州平定後の天正十五年、筑前に国替えとなり、現・竹原市の鎮海山《ちんかいざん》城にいた武吉も息子の元《もと》吉《よし》・景親《かげちか》兄弟とともに隆景に従って筑前の名島《なじま》城に移り、九州の動乱と秀吉の朝鮮出兵にそなえた。翌十六年、秀吉の徹底した「海賊禁止令」をもって海賊衆は終焉を迎えた。

晩年、武吉は給されていた周防屋代島に戻り、孫元武《もとたけ》と次男景親は分家して長州藩御船手組として働いた。武吉の墓は屋代島内入《うちのにゅう》の元正寺にあったが、今は屋代の龍心寺（菩提寺）に移され、武吉の子孫とともに眠っている。

なお、元吉は関ヶ原合戦の時、東軍の伊予松前《まさき》城攻撃で騙《だ》し討ちにあい、鎮海山城跡の山腹に家臣とともに葬られている。

〝海の桶狭間〟と呼ばれた厳島合戦

村上武吉の名を天下に知らしめた奇襲戦

陶晴賢軍が布陣する厳島の背後から毛利元就軍、正面からは
小早川隆景軍、そして海上から三島村上水軍が押し寄せた

天文二十四年（一五五五）夏、能《の》島《しま》村上水軍総帥武吉《たけよし》二十三歳。武吉の居館に小早川水軍提督乃美《のみ》（浦）宗勝《むねかつ》が毛利元就《もうりもとなり》の使者として援軍の申し出にやってきた。

領国拡大を図る元就が狙うは防長の支配者陶晴賢《すえはるかた》。毛利水軍は佐東《さとう》川ノ内警固衆五、六十艘と小早川水軍六、七十艘、それに早くから毛利方についていた因島《いんのしま》村上水軍若干《じゃっかん》艘。対する陶軍は周防水軍五百艘である。

武吉が勝算を問うと、乃美は「一

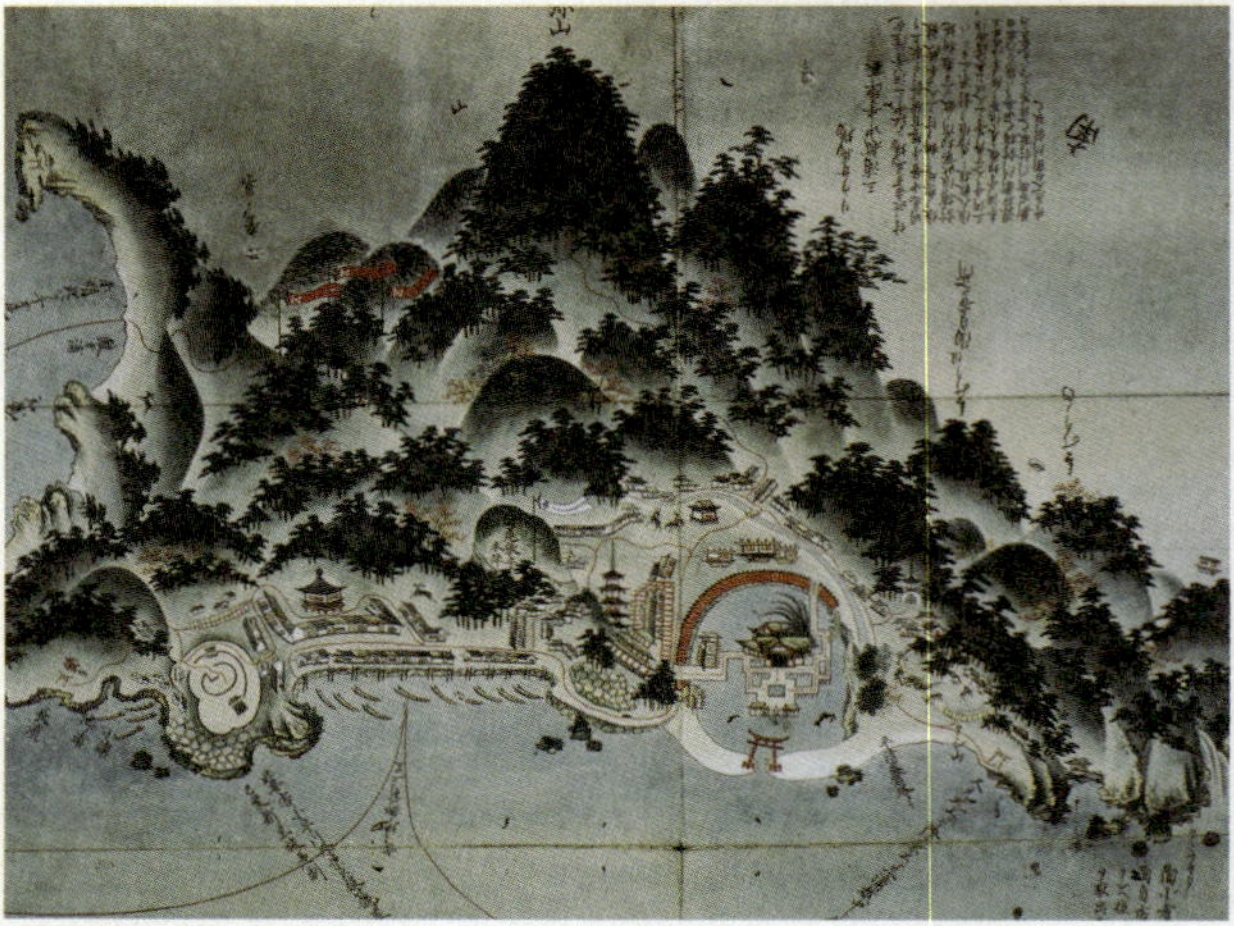
「芸州厳島御一戦之図」（山口県文書館蔵）

日で決着をつける、勝敗は御仁方《ごじん》にかかっているが、船団を借用したい」と言う。
武吉は乃美の返答が気に入り、援軍を承知した。
前年の二十三年五月、元就は陶氏の支配下にあった厳島《いつくしま》を占領、宮《みや》ノ尾《お》城を

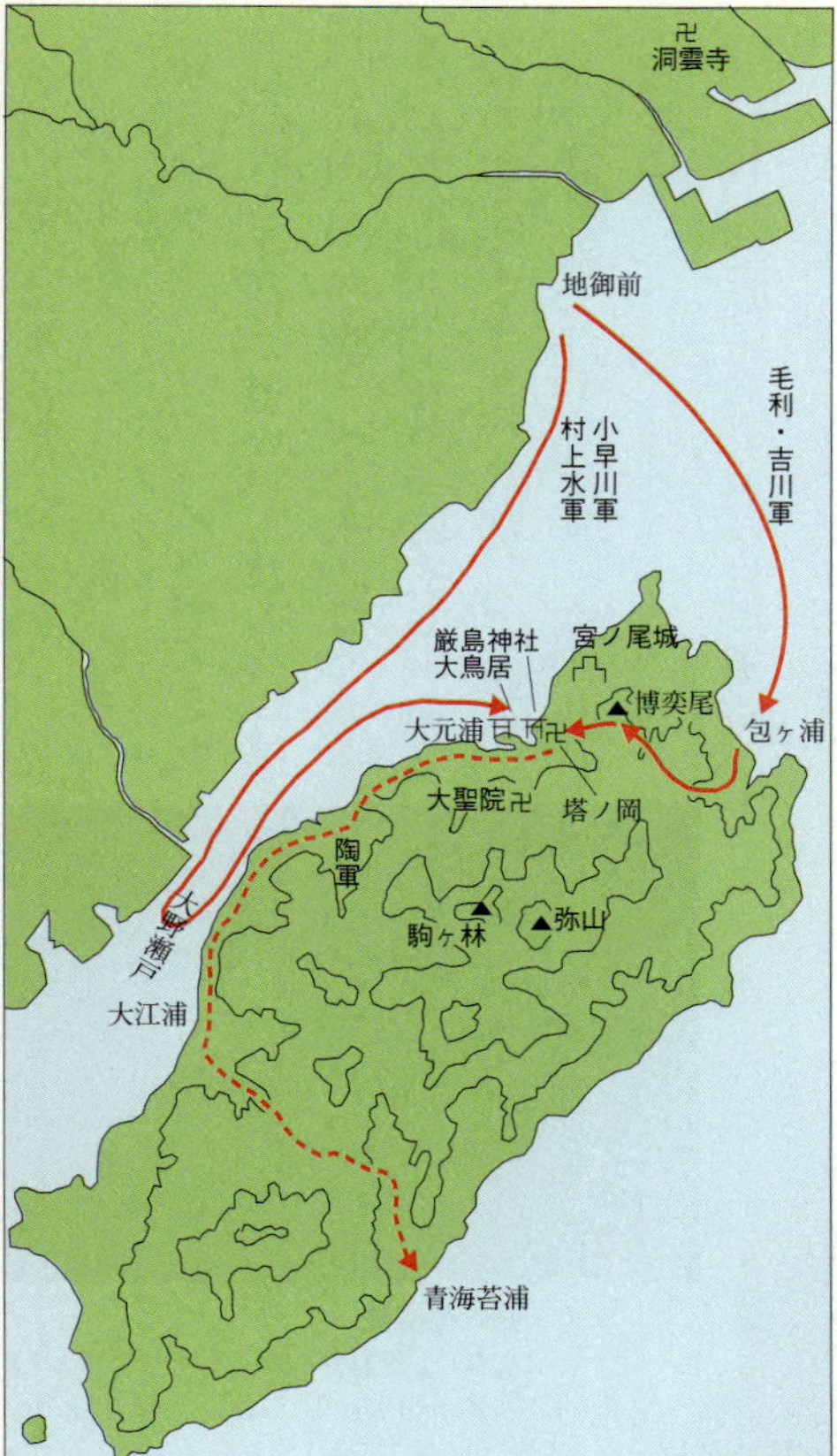

厳島合戦要図
2万の陶軍に対し、元就は敵の大軍を狭い厳島に誘い込んで背後から奇襲をかけた

築いていた。これを受けて晴賢は、翌二十四年九月二十一日に上陸。塔《とう》ノ岡《おか》に陣を構え、宮ノ尾城攻めを開始する。

日に日に窮地に追いやられる宮ノ尾城。しかし、能島・来島《くるしま》水軍はなかなか現れなかった。元就が苛立《いらだ》ち、あきらめようとした二十八日、やっと能島・来島の警護船二百〜三百艘が廿日市《はつかいち》沖に現れた。

じつは、能島・来島水軍は両軍から誘いを受けていた。厳島における関銭《せきせん》徴収権を陶氏に没収されていた武吉にすれば、陶氏に対する恨みはあるものの、元就に味方して敗れたら御家存亡

宮ノ尾城跡
元就は陶晴賢をおびき寄せるための城を築いた

毛利元就上陸地の碑
包ヶ浦に上陸した元就は、警固船をすべて廿日市へ帰した。まさに背水の陣であった

陶晴賢が最初に本陣を置いた多宝塔。その後、塔ノ岡へ移陣した

の危機である。来島村上水軍も勝敗の帰趨《きすう》に揺れていた。

厳島奇襲上陸

九月晦日《みそか》、台風と宵闇《よいやみ》にまぎれ、元就は包《つつみ》ヶ浦《うら》に上陸。塔ノ岡を眼下に見下ろす博奕《ばくちの》尾《お》に陣取った。

因島水軍を含む小早川隆景《たかかげ》隊も能島・来島水軍に守られ、厳島をめざす。大野瀬戸を西へ下り、満ち潮に乗って厳島神社大鳥居前へ迂回。しかし、敵船が嵐の難を避けるために船筏《ふないかだ》を組んで入れない。

そこで、晴賢隊の筑前の兵船と偽って敵の間を抜け、大鳥居前に停泊。隆景陸戦隊は社壇から塔ノ岡坂下に布陣した。上陸を見送った水軍部隊は厳島対岸を警備しながら、陸戦隊の合図を待った。

十月一日午前六時頃、村上水軍は博奕尾で上がった烽火《のろし》と法螺貝《ほらがい》の音を合図に乃美の号令一下、陶軍の輸送船団めがけて総攻撃をかけた。敵船団の舳《へさき》の直前を横一字に航行して鎌鑓《かまやり》で敵船の碇《いかり》網《あみ》を切断。混乱し、風と波で砂浜へ打ち寄せられた敵船に火矢を浴びせかける。さらに炮烙船《ほうろくせん》が接近して炮烙を投げ込み、炎上させる。武者船《むしゃせん》を敵船団へ漕ぎ

元就が着陣した博奕尾
ここからは陶軍の本陣塔ノ岡、厳島神社が望まれる

陶晴賢の首塚（広島県廿日市市・洞雲寺）
自害した晴賢の首実検は対岸の桜尾城で行われた

寄せた武者たちは敵船に乗り込み、白刃《はくじん》を振るって敵兵を海に追い落とす。
暴風雨をついた夜明けの奇襲に陶軍はまたたく間に崩れ、壊滅した。

陶軍将兵の血仏
大元浦にひっそりと建つ陶軍戦死者の供養塔

海賊大将村上武吉の栄光と没落

怒濤の時代を駆け抜けた72年の生涯

武吉登場前夜の血族抗争

少年武吉と御家騒動

武吉誕生当時の能島衆は、正に分裂状態にあった。一族の不和は、ついに家中を二分する内紛へ発展してゆく。

山内　譲
（四国中世史研究会会員）

能島村上家の家督争い

村上武吉《たけよし》の誕生について明記した史料はないが、近世毛利藩で編集された『萩藩譜録（村上図書）』（以下、『譜録』と略記する）には、慶長九年（一六〇四）八月二十二日に七十二歳で死去した旨が記されている。これから逆算すると、武吉は天文二年（一五三三）の誕生ということになる。父は、村上隆勝《たかかつ》の次男義忠《よしただ》、母は「平岡左近将監某」の女であるという。平岡左近将監については、それ以上のことはわからないが、河野氏の重臣の中に平岡姓の者がいるので、その一族であろう。

天文元年頃に死去したと考えられる隆勝にかわって家督を継いだのは、嫡子義《よし》雅《まさ》であったが、その義雅が早世したために、能島家では家督継承について大きな波乱が生じた。これについて前記『譜録』は、次のように述べている（〈 〉は割注部分）。

　武吉、童名を道祖次郎と号すなり〈掃部頭《かもんのかみ》義忠の子、義忠は隆勝の二男〉、惣太郎義雅の長子宮内少輔義益《よします》は病身にして且《か》つ主将の器無し、これにより義雅の死後一族相議して、道祖次郎を以て建てて嗣子《しし》と為すの所、家臣村上五郎右衛門義季《よしすえ》等これを肯《がえ》んぜずして、遂に干戈《かんか》に及ぶ、道祖次郎の事は幼稚に付き、村上左近大夫隆重〈道祖次郎叔父〉軍代として攻撃止む時なし、其の時道祖次郎をば近臣等潜《ひそか》にこれを携《たずさ》へ、肥後国に奔《はし》るの所、菊池肥後守〈実名未考〉これを撫育《ぶいく》す、稍《やや》あつて生長に及び、首服を加え諱《き》字を賜はつて

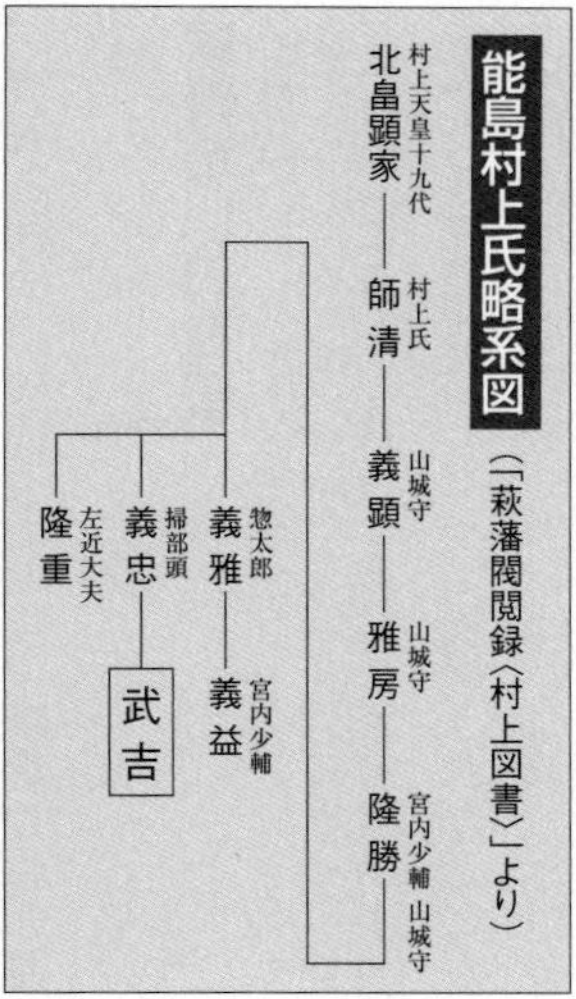

武吉と称す、凶徒退治の後、隆重これを迎へ、義雅の嗣《し》と為す

家督争いの背景

これによると、武吉と義益の家督争いが一族全体を巻きこんで、激しく、しかもかなり長期間にわたって展開されたことがわかる。

それでは、この家督争いはいつ頃、どのような歴史的背景のもとで行われたのであろうか。

実は、この最も肝心《かんじん》な点がよくわからないのである。それは、この出来事に直接関係する同時代史料がまったく残されていないからである。そのような意味では、家督争いそのものを疑おうと思えば疑えないこともないのであるが、これを架空の記事としてしまうには、『譜録』の記述はかなり具体的である。やはり何らかの事実があり、それが近世の能島村上家に伝えられてこのような記述がなされたと考えるべきであろう。そのような目で周辺の史料を見てみると、いくつかの

能島城跡より鯛崎島の出丸跡を望む（今治市）

能島と一体となって海賊を形成していた鯛崎島

手がかりが見えてくる。

　まず年代については、天文二年生まれの武吉が「幼稚」の頃というから、天文十年前後の出来事と考えることができよう。天文十年前後における海賊衆関係の出来事といえば、十年正月における能島村上氏の厳島《いつくしま》攻撃という事件がよく知ら

れている。これは、この時期に安芸国支配をめぐって鋭く対立していた尼子《あまこ》氏と大内氏の争いに能島村上氏が巻き込まれて起こった事件である。

すなわち、前年の天文九年に尼子《あまこ》詮久《あきひさ》（のちの晴久《はるひさ》）は、大軍を動かして安芸国に進出し、九月には当時大内方であった毛利元就《もとなり》の郡山城を包囲するなど攻勢に出た。そして翌十年正月には、厳島の元の神主《かんぬし》で当時も実権を握り続けていた安芸国桜《さくら》尾《お》城主友田《ともだ》興藤《おきふじ》が、尼子氏に呼応して反大内の兵をあげ、厳島を占領した。能島などの海賊衆も友田氏に味方して厳島に軍勢を差し向けたのである。

大内義隆はすぐさまこれに反撃を加えた。同年六月から七月にかけて小原、白井氏などの水軍を三島（大三島か）、甘崎、岡村、能島、印之島（因島）など芸予諸島の島々に派遣し、村上氏の根拠地をたたいたのである。このような能島村上氏の行動とそれに対する大内氏の反撃をみてみると、天文十年前後の能島村上氏は、大内・尼子の大きな対立関係に巻きこまれて尼子方として行動していたことがわかる。

ところが、一方には能島村上氏が大内方として活動していたことを示す史料もある。それは、大内氏の奉行人《ぶぎょうにん》たちが連署して大内方の武将神代《こうじろ》氏に宛てて発した「奉行人奉書《ほうしょ》」で、そこには、「村上掃部助と協力して行動すべし」との指示が記されている（『萩藩閥閲録〈神代六左衛門〉』）。この「村上掃部助」が能島家の者であると断定できる史料はないが、掃部頭が能島家代々の官途《かんと》（武吉もその子元吉《もとよし》もそれを名乗っている）であることを考えるならば、その可能性は非常に高いといえよう。強いて能島村上家の系譜に結びつけるならば、武吉の父義忠《よしただ》が掃部頭を名乗っていたというからその人物に比定することができるかもしれない。とするならば、この頃の能島家が大内方と反大内方の二つに分裂していたということになる。

『譜録』などの伝える義益《よします》と武吉の間の家督争いがもし事実であるとすれば、その背後にあるのは、このような天文十年前後の能島村上氏をめぐる諸情勢であっ

燧灘の夜明け。手前に能島、その向こうが鵜島

たはずである。これらのことを踏まえて武吉の家督継承について大胆な推測を加えるならば、次のようなことになるのではないだろうか。

天文十年頃、山陰の尼子詮久と防長の大内義隆の間で、安芸国の支配をめぐって対立が激化するのにともなって、能島村上氏に対しても両勢力からの働きかけが強まった。そのような状況下、惣領家の義雅と嫡子義益らは、尼子方の友田興藤の誘いを受けて反大内方として行動し、義雅の弟義忠らは大内氏に味方した。そのような対立のなかで惣領義雅が早世し、家督継承が問題になったが、義益を推す譜代家臣らに対して義忠らは子の武吉を推した。こうして能島村上家では、深刻な御家騒動が引き起こされることになったが、やがて武吉が叔父隆重《たかしげ》らの支持を得てこの争いに勝ち、惣領の地位を獲得する。

絶対的な史料不足のなかでの安易な臆測は危険であるが、ここではいちおう、このように、武吉は庶家から入って惣領家の後を継いだと理解しておきたい。このように考えると、近世の村上氏の家伝文書のなかに、本来あってしかるべき義雅・義益以前の文書がほとんど見られないことも説明がつく。ただ、この考え方では、武吉が肥後の菊池氏のもとで成長したという伝承を説明することができない。この点については今後の課題として残しておかざるを得ないと思う。

若き統率者の誕生

このような御家騒動の帰趨《きすう》が明確になるのは、天文十六年頃である。同年四月に、尼子方の友田氏にかわって新たに厳島神社の神主となった杉景教《すぎかげのり》が能島に出かけているという事実がある。大内方の景教が能島に赴くことができたのは、すでに能島が大内方でまとまっていたからであろう。

また天文二十一年頃には、主君大内義隆を倒したばかりの陶晴賢《すえはるかた》が、村上太郎と今岡伯耆守に宛てて、厳島での「駄別銭《だべちせん》」徴収の停止について書状を出している。ここに見える村上太郎こそ、『譜録』などの系譜に通称を「少輔太郎」といったと記されている武吉その人にほかならないであろう。天文二年の誕生が事実とすればこのとき二十歳前後ということになる。ここに、義益との家督争いに勝ち抜き、能島一門の統率者の地位を確立した若かりし頃の武吉の姿を見ることができる。

こうして武吉は、天文二十年代に入って能島村上氏の統率者の地位を確立し、やがて強力な海賊衆を率いて瀬戸内海に乗り出していくことになるのである。

（本稿は、拙著『瀬戸内の海賊――村上武吉の戦い――』〈講談社、二〇〇五年〉の内容を踏まえて執筆したものである）。

変化する瀬戸内情勢と能島衆

毛利氏からの離反と衝突

瀬戸内周辺勢力が反毛利の動きを見せるなか、武吉も毛利氏との同盟を解消、緊張状態に突入した。

山内　譲（四国中世史研究会会員）

大友氏への傾斜

　永禄初年以来、能島の村上武吉の基本的立場は親毛利であった。北九州をめぐる毛利・大友戦争では、永禄四年（一五六一）の豊前国蓑島《みのしま》合戦、同十二年の同国田原沖《たわらおき》合戦などにおいて毛利方として大きな功績をあげた。また、毛利対三好《みよし》の対立関係の中でも親毛利の立場を堅持し、同十一年の備前国児島《こじま》の本太《もとぶと》合戦では三好氏の攻撃から同城を守り抜いた。

　しかし、このような武吉の親毛利の立場にも永禄末〜元亀の頃から変化が見えはじめる。大友氏への傾斜がしだいに大きくなるからであ

能島村上氏の家臣島越前守吉利が在番した本太城跡（岡山県倉敷市）

る。

それを端的に示すのは、永禄十三年に武吉が讃岐国塩飽《しわく》の廻船業者に宛てて発した書状である。このなかで武吉は、大友宗麟《そうりん》の家臣本田治部少輔（鎮秀《しげひで》）が瀬戸内海を航行する際に「便舟」について「異乱」なきように命じている。ここで武吉は、自らの支配下にある塩飽海域において大友氏のために便宜供与を図ろうとしており、両者の接近を明瞭に読みとることができる。

それでは、このような大友・村上両氏の接近はどのような事情によってなされるようになったのであろうか。これまでは、『陰徳太平記』(巻六二)の記述にしたがって、永禄十二年の九州出陣の際、武吉が病気と称して上関《かみのせき》にとどまって船団を動かさず、そのために先着の来島勢が苦戦し、それが契機となって来島村上氏や小早川隆景との関係が悪化した、と説明されてきた。しかし、もとより『陰徳太平記』の記事に史料的根拠があるわけではなく、しかも、何より先に述べたように、永禄十二年の九州出陣に際して、武吉は豊前国田原沖で大友軍と戦って毛利方のために軍功を遂げたという動かしがたい事実がある。したがって大友・村上両氏の接近の事実を、上記のような『陰徳太平記』の記事によって説明することはできない。

それではどのように考えればいいのか。私は、両者の接近の端緒は、武吉側よりむしろ大友側にあったのではないかと考える。それは、永禄四年の蓑島合戦、

内海交通の要衝として知られた上関（山口県上関町）

同十二年の田原沖合戦という二度の海戦での敗北が大友氏に大きな衝撃を与えたと考えられるからである。永禄年間の門《も》司《じ》城、立花《たちばな》城攻防戦において、大友氏は陸上では毛利勢と互角に戦っているが、海戦では常に手痛い敗北を喫している。このようなことへの反省から、当主宗麟は水軍の再編、そして能島村上氏の水軍力の自軍への取り込みを図ろうとしたのではないだろうか。

その際、大友氏が武吉誘引の取引条件としたのが、九州における海上交通の権利である。これについては、大友宗麟の家臣で、筑前支配の責任者であった臼杵《うすき》

関門海峡に臨む門司城跡（福岡県北九州市門司区）

紹冊（鎮賡《しげつぐ》）が、武吉に宛てた書状のなかで、「筑前表札浦《ふだうら》の儀、仰せを蒙《こうむ》り候、承知せしめ候、領内の儀、いよいよ堅く申し付くべく候」（『萩藩譜録（村上図書）』）と述べているのが注目される。ここで臼杵紹冊が了解したと述べている札浦について、岸田裕之氏は、通行

する船に賦課する通行料を徴収することを認められた港津で

あるとしている（岸田裕之「海の大名能島村上氏の海上支配権の構造――海に生きる人々の視座から――」）。

毛利氏は武吉を引き止めるためにさまざまな工作をしたようであるが、結局、武吉の大友氏接近の動きを阻止することはできなかったようで、元亀二年（一五七一）の二月頃から能島村上氏の反毛利行動が史料上に見られはじめる。

諸勢力の対立と同盟

一方、このような能島村上氏の行動は、ただ単に毛利・大友両氏の対立の中でのみ捉えるべきものではないであろう。なぜなら、このころ瀬戸内海周辺では毛利・大友関係を軸としながらも、それをはるかに超える広い範囲でさまざまな勢力を巻き込んだ新たな離合集散の動きが始まっていたからである（福川一徳「元亀―天正年間の毛利・大友の戦い」）。

この時期の激動の震源地のひとつは、山陰の尼子《あまこ》氏である。出雲国の月山富田《がっさんとだ》城を本城として山陰に覇をとなえていた尼子氏は、義久《よしひさ》の時代の永禄九年に毛利元就《もとなり》によって富田城を落とされて滅亡した。しかし、その後、支族の勝久《かつひさ》が遺臣山中幸盛《ゆきもり》（鹿助《しかのすけ》）らに擁立されて勢力を伸ばし、この頃、大友氏と連絡をとりながら北方から毛利氏をおびやかしていた。

もうひとつの大きな震源地は、備前・美作《みまさか》両国に勢力を有した浦上宗景《うらがみむねかげ》である。播磨・備前・美作三国の守護であった赤松氏を倒して戦国大名に成長した浦上氏は、宗景の時代に至って強盛となり、備中国まで進出してきた毛利氏と境界を接していた。備中国には、毛利氏配下となった庄・細川・三村などの在地勢力があってこれらとの間に小競り合いが絶えず、このような対毛利氏関係を有利に展開するため、浦上氏もまた大友氏と手を結ぶ必要があったのである。このような状況のなかで、武吉は大友・尼子・浦上氏らの諸勢力と結ぶ道を選んだ。

毛利氏による能島攻撃

　このような能島村上氏の公然たる行動は、当然毛利方を強く刺激し、それへの報復が能島城への攻撃となってあらわれた。毛利方はすでに元亀二年の三月頃から支城務司《むし》城周辺で攻撃の準備を進めていたらしいが、七月になって能島へ攻撃の矛先《ほこさき》を移した。毛利輝元《てるもと》が家臣内藤氏に宛てた書状によると、攻防戦の様子はだいたい以下のようなことであった（『萩藩閥閲録〈内藤六郎右衛門〉』）。

　まず阿州衆（篠原長房）配下の岡田権左衛門や塩飽《しわく》の警固衆が、おそらく毛利方水軍に包囲されていたにちがいない能島の支援に駆けつけた。能島支援の警固衆が水や兵糧を搬入しようとしたところを小早川隆景の率いる沼田《ぬた》警固衆や来島、因島の警固衆が襲撃して合戦となった。毛利方は、八端帆《たんほ》の船三艘を切り取り、主《おも》だった者数十人を討ち果たすという戦果を上げ、残る船を捕獲して、すでに毛利方の支配下にあったらしい務司城に繋留《けいりゅう》して動けなくした。

　毛利方の史料のみで断定するのは危険であるが、この能島沖での攻防戦においいて毛利方水軍が大勝したことは間違いないであろう。毛利方の能島攻撃はその後も熾烈《しれつ》を極め、武吉はついに大友宗麟に救援を求めた。その書状のなかで武吉は、「小見山水手」（所在地不明）まで敵が攻め寄せている窮状を訴えている。水の手は周囲を海に囲まれている海城《うみじろ》にとっては城防衛のための最大の要所で、そこまで敵勢が攻め寄せているとなると、もはや猶予ならざる状況である。武吉の要請に対して宗麟は、田原親賢《たわらちかかた》を大将とする援軍を派遣する決意をし、元亀三年閏《うるう》正月十九日付で、近々警固船が赤間関《あかまがせき》に着く予定である旨を武吉に伝えている（『筑後米多比《ねたみ》文書』）。

この時期の武吉の行動で注目されるのは、ひとり大友氏だけでなく、浦上氏や尼子氏など多方面の勢力と連絡をとりながら行動していることである。たとえば、浦上氏と行動をともにしている美作国高田《たかだ》城（岡山県真庭市勝山町）主三浦氏の家臣牧尚春《まきなおはる》などとも書状をやり取りしている。それを見ると、互いに伊予・美作両国における自軍の状況を伝えるとともに、但馬国にいるという山中幸盛の動向や、遅延している豊後勢の防長進発などについて情報を交換していることがわかる。

　このような能島村上氏と毛利氏の対立関係は、元亀三年十月に毛利氏と浦上・宇喜多氏の間で講和が成立するまで続いた（本稿は、拙著『瀬戸内の海賊――村上武吉の戦い――』〈講談社、二〇〇五年〉の内容を踏まえて執筆したものである）。

信長を本気にさせた木津川口の海戦

織田水軍との対決

日の出の勢いで天下布武へ邁進する信長。
落城間近の石山本願寺をめぐって、能島衆と織田水軍が激突する。

羽生道英（作家）

信長の石山本願寺攻め

織田信長を恐怖させた男がいた。村上水軍総帥《そうすい》の村上武吉《たけよし》である。

天正四年（一五七六）七月十三日、摂津国木津川口《きづかわぐち》の海戦で、村上水軍を含む毛利水軍に、織田水軍は散々に痛めつけられて惨敗し、数百人の将士を戦死させてしまったからである。

元亀元年（一五七〇）六月の姉川合戦の後、信長は石山本願寺と敵対した。法《ほっ》主《す》顕如《けんにょ》（本願寺第十一世・光佐《こうさ》）が近江国小谷《おだに》城主浅井《あざい》長政《ながまさ》をバックアップしていたことが判明したからである。これより先、信長は西国進

木津川口海戦の舞台となった木津川河口付近（大阪市西成区）

出の拠点として石山本願寺を必要としたので、顕如に大坂退去を要請したが、あっさりと断られてしまった。

そこで信長は三好党を掃討するかたわら、本陣を天満森に移し、石山本願寺を攻めることにした。

これに対し、顕如は九月十二日夜半に挙兵し、三好党と呼応して信長に戦いを挑んだ。いわゆる石山合戦のはじまりである。この戦《いくさ》は、断続的であるが十一年間も続くことになる。

織田軍の猛攻は続き、第四次石山合戦がはじまって一ヵ月後の天正四年五月頃には、石山本願寺は援軍も兵糧もない状態に陥ってしまった。顕如は、

「長々の籠城で、兵糧等は断絶」「加勢の義心もならず、籠城が如何になるか、命も旦暮《たんぼ》に危なく」

と飛騨や北陸の門徒衆に書状を送ってその窮状を訴えている。

村上水軍、木津川口海戦で圧勝

この石山本願寺の危機を知った安芸国の毛利輝元《てるもと》は、伊予国能島村上氏の棟《とう》梁《りょう》村上武吉に命じて軍船を編成させた。武吉は、嫡男少輔太郎元吉《もとよし》を村上水軍の代将に、毛利の家臣児玉就英《こだまなりひで》、粟屋《あわや》元如ら十五人を援将とする七、八百艘の毛利水軍を淡路島の岩屋《いわや》に集結させた。

大阪城公園にある石山本願寺推定地（大阪市中央区）

　七月十二日、武吉は自らが総大将となり、毛利水軍を率いて岩屋を出航した。泉州貝塚で紀伊雑賀《さいが》衆と合流、翌十三日には堺港から住吉沖を通過、木津川口に停泊して、兵器と兵糧などの陸揚げに取りかかろうとしていた。

　これに対し織田水軍は、伊勢の九鬼《くき》嘉隆《よしたか》を総大将に、真鍋《まなべ》七五三《しめ》兵衛《のひょうえ》、沼野伝内、宮崎鎌大夫ら七人を船将として、三百余艘を率いて木津川口の防戦に打って出た。

　本願寺勢は近くの楼の岸や木津城から競い出て、毛利水軍の応援に当たった。住吉浜においては陸上の合戦。さらに毛利水軍には摂津、河内、和泉の門徒衆や歴々衆（地侍）が乗り移って加勢した。木津川口の海戦は、十三日から十四日の早朝まで続けられた。

毛利水軍は、炮烙《ほうろく》（容器に火薬を詰め、導火線に点火して投げ込む爆弾）と火矢をもって織田水軍に猛攻を加えた。このとき、織田水軍の軍船は木造船ばかりであった。火矢の効果もあったのだろうが、村上水軍が考案した炮烙は、相当な威力を発揮した。三百艘余の織田水軍のほとんどが焼き崩れ、真鍋七五三兵衛、沼野伝内、沼野伊賀、宮崎鎌大夫、宮崎鹿目介《しかめのすけ》、尼崎小畑らの船将が討死し、そのほか著名な武将が討死した。その数は数百人にのぼった。毛利水軍も被害をうけたが少なかった。七月十五日付で、代将の村上少輔太郎元吉が毛利輝元へ送った書状に、こう書かれてある。

「――彼の大船は残り無く焼き崩し候。数百人は討ちてこれを捕え候えば、頸注文《くびちゅうもん》（首実検）は之《これ》を相揃えてやがて上進致すべく候。御警固衆並びに雑賀の者は比類なく手を砕き候。御用に立てられ候衆の手負いも数人候えば、これまた重ねて注進致すべく候――」

第一次木津川口の海戦（香川元太郎画／今治市村上水軍博物館提供）

ともかく、村上水軍を主体とする毛利水軍は、織田水軍に圧勝した。そして、無事に兵器と兵糧は石山本願寺に運び込まれて、堂々と引き揚げたのである。

信長の復讐計画

この海戦には信長自身が出陣する予定であったが、わずか二日間で敗北したので出陣を取りやめた。その後、信長は保田久六、塩井因幡守、伊地知文大夫、宮崎二郎七らを住吉浜城の定番《じょうばん》につけ、木津川口周辺の海浜を警護させた。

「いまに見ていろ、村上水軍め。かならず敵討《かたき》ちをしてやるわ」

信長は負けっ放しで引っ込むような男ではない。切歯扼腕《せっしやくわん》して復讐の鬼となった。敗因について調査したところ、木造船だったので、炮烙と火矢によって燃え、ダメージを受けたことが判明した。

信長は九鬼嘉隆に命じて、鉄甲船六艘を建造させた。長さ十三間《けん》（約二十三メートル）。幅七間（約十三メートル）の大船である。ポルトガル国王の御座船を模したものだった。船体に鉄板を張り巡らし、大砲（大鉄砲）三門を備えていた。おそらく、この時代では最新鋭の軍船であったに違いない。滝川左近も、同じような大船一艘を建造している。

天正六年六月、建造した鉄甲船は熊野浦を経て、大坂に廻航された。途中、雑《さい》賀《が》衆などの船の攻撃を受けたが、びくともしないで木津川口の沖に到着した。信長は十月一日、近衛、細川、一色らとともに鉄甲船に乗船して見学した。一種のデモンストレーションであった。嘉隆に千人扶持を与えているところをみると、信長は大いに満足だったにちがいない。

第二次海戦後の武吉

天正六年の秋、顕如は輝元に再び兵糧の搬入を要請した。村上武吉は六百余艘の毛利水軍を率いて木津川口に到着した。十一月六日のことである。これを手ぐすね引いて待っていたのが、九鬼嘉隆を総大将とする織田水軍である。

毛利水軍は第一次海戦と同じように、炮烙と火矢で攻撃した。だが前回ほどに、やすやすと戦果を挙げることはできなかった。

この日は、辰刻（午前八時）から午刻（正午）くらいまで激戦を展開し、はじめは毛利水軍が優勢のように見えた。しかし、嘉隆は毛利水軍を引きつけるだけ引きつけておいて、村上武吉をはじめとする船将が乗っている船に、六艘の鉄甲船から大砲の一斉砲撃を浴びせかけた。毛利水軍の旧式軍船は、これには抗しきれず、木津浦まで退去を余儀なくされた。砲弾による被害は大きく、毛利水軍は

第二次木津川口の海戦（香川元太郎画／今治市村上水軍博物館提供）

大きなダメージを受けて逃げ帰ってしまった。

このとき、物見高い大坂の住民が大勢集まって海戦を見物していた。その誰もが「九鬼の手柄」だと感じ入ったと『信長公記』に記されている。最後は敗北したとはいえ、村上水軍の勇姿は信長の心を捉えて離さなかった。そこで、羽柴秀吉に命じて、頭領の村上武吉を味方に引き入れようとした。ところが、武吉は頷《うなづ》かない。敵対した大将だったこともあるが、律儀な彼は、毛利氏への道義から信長の家来になることはできないと拒絶した。

天正十年六月二日に起きた本能寺の変で信長が死ぬと、瞬く間に、秀吉が天下人へと上り詰めてゆく。秀吉もまた、武吉が欲しかった。しかし、頑《がん》として武吉は秀吉に靡《なび》こうとしなかった。

武吉はプライドが高い男であった。かつて石山本願寺へ兵糧を搬入するとき、輝元が毛利家の船印を使えといったところ、武吉は断って村上水軍の船印を用いたという。そのため、農民出身の秀吉とは、肌が合わなかったのではなかろうか。そんな武吉を恨んでいたのか、秀吉は天正十六年七月八日、諸国に「刀狩令」および「海賊禁止令」を発して、村上水軍を解体させるように仕向けた。

《参考文献》『信長公記』『大阪市史二巻』、松岡進『瀬戸内海水軍史』など

秀吉との確執と海賊禁止令

天下人が恐れた海賊大将

天下をその手に握ろうとする秀吉が恐れた男、武吉。
海を奪われた武吉は、強大な力に翻弄された。

村上　譲（作家）

海賊・能島殿

瀬戸内の海賊衆が歴史の表舞台に登場し、勇名を馳《は》せるのは戦国時代と符合する。とりわけよく知られているのは村上武吉。芸予諸島にあるちっぽけな能島を根城とし、一時は瀬戸内の制海権を掌握した男だ。

天下布武をめざす織田信長は、ある時期から武吉を中心とした瀬戸内の海賊衆を懐柔するのに熱心だった。もとより村上海賊は毛利氏との関係が深かったけれど、合従連衡《がっしょうれんこう》は常のこと。ある時は九州の大友宗麟《そうりん》と結び、またある時は信長と気脈を通じていた。武吉か嫡男の元吉《もとよし》が信長に鷹を献上したとき、その礼状として信長朱印状には、

「いよいよ粉骨つくすべきの儀専一に候、然《しか》して望むことこれ有らば、聊《いささか》も異議

なく候、其の意を成さるべく候」（『萩藩閥閲録』村上図書家文書）

と記している。力の限り骨折ることだけに心を注いでくれるなら、望むことは何でも聞いて進ぜよう、という寛大な意向だ。

天正十年（一五八二）には信長の命により、羽柴秀吉は能島村上氏と来島村上氏の家臣各一人を姫路城に召し出した。当時、姫路は中国制覇の前進基地。秀吉は武吉の家臣大野兵庫直政に次のように誘いをかけたという。

「能島殿が信長公に味方するなら、所領は伊予十四郡はもちろんのこと、四国全部を与えてもよい。彼がこの条件をもし呑まない場合は、そのほうだけでも味方となれば塩飽《しわく》七島の印と上口警固を任命しよう」

これは秀吉から能島村上氏への破格な褒美の約束であり、受諾しないときは「大野だけでも謀反せよ」との、そそのかしであった。こうした密約ともいえる書状が多く残されている。それらについては後に詳しく書きたいが、村上海賊を中心となって率いた村上武吉はどういう人物であったか。これをリアルに伝えるものは、意外にもキリスト教宣教師たちの報告書や記録である。

一つの記録は天正十四年（一五八六）夏のものだ。イエズス会日本副管区長ガスパル・コエリュが村上武吉の根城である能島に使者を送り、航行の安全を認めさせようとしたときの様子である。同行のパードレ、グレゴリオ・デセスペデスはインド管区長に宛てた書簡の中で、

「能島殿とよばれる日本全国中の最大の海賊の島に着いた。海賊は同所に大きい城砦をかまえ、多数の船舶を所有し、つねにこれを回漕している。その勢威は数ヵ国の海岸に振っており、多数の海港では、害を受けないためにも、この能島殿に年々貢物《みつぎもの》を納めている」

と記す。

イエズス会日本副管区長コエリュは、大坂城で関白秀吉に会い、堺から九州の臼杵《うすき》までの航行の途中で能島に立ち寄った。同行の司祭ルイス・フロイスも『日本史』のなかで村上武吉および嫡男元吉についてふれている。

これによると、宣教師たちの乗る本船は能島から約二里の地点に碇泊すると、まず一人の日本人修道士に贈物を持たせて送りこんだ。武吉は修道士に敬意を表

「能島殿」村上武吉の根城だった能島と鵜島（今治市村上水軍博物館提供）

して手厚くもてなし、一行を居城に招待したという。

前年には毛利氏を味方につけて、秀吉は四国を平定。その先鋒で働いた毛利方の大将である小早川隆景は、伊予一国を与えられ入部していた。目まぐるしい政治状況にあって、海賊大将として武吉の存在は不安定きわまりなかったが、まだなお威光は失われていなかったようだ。自由な通行を認めさせようと訪れた宣教師たちに対してどうふるまったか。フロイスは武吉の言動を次のように伝えている。

「己が好意をより高く売りつけようと

して、いくらか躊躇《ちゅうちょ》しながら言った。『伴天連《ばてれん》方が、天下の主、関白殿の好意を得て赴かれるところ、某《それがし》ごとき者の好意など必要ではござらぬ』と。だが修道士がしきりに懇願したので、彼は、怪しい船に出合ったときに見せるがよいと、自分の紋章が入った絹の旗と署名を渡した。それは（この海賊が）司祭に対してなし得た最大の好意であった」

泣く子も黙るほどに恐れられた海賊衆の棟梁《とうりょう》村上武吉に実際に会ってみると、理義をわきまえた立派な武将という印象であった。宣教師たちの目にはそう映ったのではないか。交渉相手として不足はなかった。

もとより夜盗、物取りの類《たぐい》とは異なっている。よく〝海の大名〟などとも呼ばれているが、その権勢は中小の戦国大名すら凌《しの》ぐものがあった。その理由の一つは、長く瀬戸内における制海権を掌握していたことだ。航行する船の安全を守り、合法的に関銭などを徴収した。これは平時の主な事業だが、戦時となれば支援の兵力となって加担し、財貨を稼いでいる。

あるときは「海賊」と呼ばれ、またあるときは「水軍」と呼ばれたりする。たとえば因島、能島、来島の三島《さんとう》村上氏でも、因島村上氏は地理的関係で毛利水軍の一翼を担うことが多かった。来島村上氏は守護大名河野氏の重臣で、水軍としての役割も分担している。能島村上氏は芸予諸島のただ中に位置し、陸の覇権者からは比較的自由な立場であった。その意味で水軍的性格は希薄で、それだけ「海賊」と呼ぶにふさわしい。

海賊として自立し生き延びるためには、権謀術数にたけていることが必須の条件。芸予諸島だけでも五十以上ある島々にネットワークを張りめぐらす海賊の棟梁ともなれば、明晰《めいせき》な頭脳と平衡感覚、素早い決断力を要する。これらすべてに熟せる人物として村上武吉が存在した。

来島離反

群雄割拠の戦国乱世も、覇権をめぐる争奪戦において、いよいよ末期を迎えていた。その一つは織田方と毛利方との決戦である。

天正十年四月、秀吉は信長に命じられて毛利方の備中高松城を攻めた。今の岡山市高松にあり、中国統一の鍵を握る要衝にある城だ。三万余の大軍で包囲するが容易に落ちない。五月になって長期戦の水攻めを敢行した。城は水中に孤立して、毛利方一万の援軍がやって来たが救出できない。ついに城将清水宗治《しみずむねはる》の切腹とひきかえに織田方と講和を結んでいる。

これは有名な城攻めの話だが、その間の六月二日に信長は本能寺の変で死去している。虚々実々の作戦は講談や歴史小説などでもよく知られている。この戦いをめぐっては三島村上氏の内紛まで引き起こし、騒動はあらぬ方へと展開した。

秀吉の謀略

敵と味方が正面衝突する戦闘場面は華々しい。が、雌雄を決する前提となるのは諜報活動ではなかろうか。秀吉はその方面にも才を発揮し、敵の中にも味方する者を常にさぐっている。織田方と毛利方が対決する二年前の天正八年三月に

来島村上通総主従の墓（愛媛県松山市・大通寺）

は、来島の村上吉継あてに誘いの書状を送っている。以来、秀吉は三島村上氏を勧誘し、味方に引きこむことに熱心だった。

　まず秀吉の術中に落ちたのが村上通総《みちふさ》（通昌）であった。彼は来島の海賊衆の統率者である。村上武吉は通総の姉を娶《めと》っていたから義兄弟の関係。父の村上通康《みちやす》が死去したとき、通総は十歳にも満たぬ幼年であったから武吉が後見した。

　記録に出てくる村上通総は、かなりの乱暴者であったようで、元亀元年（一五七〇）、将軍足利家側近の御料所である伊予海会寺領の公用銭を押領《おうりょう》した。来島氏は守護大名である河野家の家臣でもあったから、幕府は河野氏に通総の狼藉《ろうぜき》を止めさせるように命じている。その後も無法はあらたまらなかったようで、周囲は困りはてた。

また、通総は主家の河野氏にも恨みをいだき、勝手気儘《きまま》にふるまった。それは父の代に原因がある。父の通康は主家である河野氏の女婿であったから家督継承権を与えられていた。けれど家臣団から反対されて失脚、無念のうちに病死している。このことが念頭にあって、河野家に対し反抗したのだ。

ごたごたして混乱するかもしれないが、昨日の敵は今日の友だ。足利義昭《よしあき》は織田信長に擁立されて十五代将軍となったが、のち不和を生じて天正元年に京都を追われて諸国を流浪する。やがて毛利氏の庇護を受けながら、各地の大名に檄《げき》を飛ばして信長包囲網を形成した。河野氏もその連合に参加していたから、村上通総にとって毛利氏の傘下《さんか》に入ることを潔《いさぎよ》しとしなかった。

ことわざにも「敵に味方あり、味方に敵あり」といわれる通り、諜報活動が存亡の鍵となる。三島村上氏の内部事情にもよく通じていた秀吉は、まず若輩の通

小早川隆景が築城した海城、三原城跡（広島県三原市）

総を籠絡《ろうらく》した。
これに一番慌《あわ》てたのが武吉ではなかったか。迫りくる強大な勢力の前に、今こそ結束して当たらなければ、海賊衆の存在そのものまで危ぶまれる。長く後見人であった武吉は通総を説得し、来島だけ単独で織田方に走るのを止めようとした。その交渉が長引き、あまりに通交が頻繁だったとみえ、「能島も織田方に味方する」との風聞が流れたようだ。一時は「毛利領内に村上海賊が攻めて来る」と、現在の広島湾内の村々では多くの人々が避難する騒ぎとなっている。
秀吉は備中高松城攻略の最中にも、能

島村上氏の勧誘を続けている。天正十年四月十九日には、武吉と嫡男元吉に書状をそれぞれ一通ずつ発している。その中で書かれてあることは、能島と来島の間に見解の相違のあることはよくわかった。これは、一族にあっての私事の内紛であり、「貴所御分別を以て、此節御忠儀肝要に候」（「屋代島村上文書」）という内容だ。

注目すべきは天下国家における織田信長の位置づけで、「私事を捨てて忠儀につけ」というのだ。忠義と忠儀にニュアンスの違いはあるが、真意は天下布武の信長に忠誠を尽くすことこそ肝要と説く。

この時期において、何が忠儀かと判別するのは容易でない。信長および秀吉においては天下を統一し、すべてを画一化するのが目標であった。毛利氏はそうでもない。地域主義で、それぞれの独自性を重んじようとした。元就以来の教訓である。

武吉は海賊衆のいわば総帥である。織田方につくか毛利方に味方するか、これは存亡を賭ける選択であった。発行年が定かでない因島村上家の文書だが、小早川隆景が村上吉充《よしみつ》に宛てた書状がある。隆景は元就の三男で小早川家を継ぎ、瀬戸内に臨む三原《みはら》城を居城として活躍した智将であった。書状の内容は、

「両島相違の段申す事無く候、此の上においても御才覚を以て相調《あいととの》えられ候事簡要に候」

とある。両島すなわち能島と来島との見解の相違に対しても、はや言うことはない。この事実を踏まえ能島を味方に引き込むことが大切であるというのだろう。文面から察しておそらく天正十年のもので、四月七日と日付ははっきりしているから高松城が攻められる直前の緊迫した時期である。このとき来島は三島村上から離脱して、織田方についていたことは明らかだ。

因島村上氏は毛利方に対して二心ない証《あか》しとして、人質まで差し出している。これに対する毛利氏からの四月十三日付の書状には、

「今度御一門を抽《ぬき》んでられ、頓《とみ》に人質を差し出され候事は、無二の御入魂《ごじっこん》の段喜《き》悦《えつ》の至りに候」

とある。因島がこんな状況であったから、能島も毛利方の味方であることを見

える形で示さなければならない。手はじめは来島攻略だ。今や織田方に走った来島通総の存在を看過《かんか》するわけにはいかなかった。

来島は織田方に内応したが、芸予諸島では孤立した。秀吉は高松城攻めに張りついた状態だったから、援軍を出せる余裕はない。通総には形勢不利のまま、六月二十七日に能島と来島の両村上氏は来島の西の大浦之鼻で激突した。来島海賊衆には内部に分裂も生じ、通総は逃亡を余儀なくされている。その後も能島衆とこれを支援する毛利軍は、来島支配下の城や砦を次々と攻め落としていった。その掃討作戦は翌天正十一年の年末までかかっている。

秀吉・隆景・武吉

村上武吉が来島との紛争にかかわっている間に、天下の様相は急変していった。織田信長は天正十年六月二日、本能寺の変で自刃。秀吉は訃報を受けると、交戦中の毛利氏と急ぎ講和に成功し、やがて亡君の弔い合戦で明智光秀に勝利し

毛利水軍の総帥・小早川隆景を祀った和賀神社（広島県竹原市）

て信長の後継者となってゆく。

毛利方が本能寺の変を知ったのは講和の成った直後のことだ。秀吉に欺《あざむ》かれたといきりたち、追って攻め上れば秀吉軍を打ち負かす好機だと騒ぐ将士も多かった。だが小早川隆景は、誓紙の血判いまだ乾かぬうちに違反するとは武士として恥ずべき行為だ、と動かなかったという。後に秀吉はそのことを知り、隆景に恩を感じ信頼する間柄となった。

その小早川隆景が信頼し、気心の知れた人物といえば村上武吉だった。二人は天文二年（一五三三）生まれの同い年であり、文武両道に優れていることでも誼《よしみ》を結んだといえようか。もちろん最初から仲がよかったわけでなく、数度の戦いによって真の実力を認めるようになった。また嫡男元吉の「元」は、隆景の父毛利元就の偏諱《へんき》であり、隆景の養女を娶っていた。

天正十二年、困ったことが起きた。武吉が上方《かみがた》へと追いやった来島の通総が帰ってきたいというのだ。もちろん後ろ楯に秀吉がいる。

十月十八日付の書状で、秀吉は毛利氏の重臣であり元就の四男穂田元清《ほいだもときよ》に、来島通総を元通りに復帰させることを伝えて、よしなに処遇することを頼んでいる。といっても毛利氏が秀吉の要望をすんなり受け入れたわけではない。毛利輝元は十一月十一日付で武吉宛てに、通総の帰国を許容するつもりはないと伝えている。

来島通総が帰国するのは十一月中旬ころだろうか。能島と少々の小競り合いはあったが、正面衝突するまでには至らなかった。抑止力は秀吉の存在で、天正十三年になると毛利氏も来島帰国を容認する方向に傾斜してゆく。そんな苦渋の思いをこめながら、隆景は武吉に起請文の中で「御父子三人捨て申さず引立申すべく候」と記している。だが、能島村上氏の没落は火を見るよりも明らかであった。

そして、武吉が海賊衆の総師としての息の根を止められるのは、秀吉が天正十六年七月に発布したいわゆる海賊禁止令であった。それは三ヵ条からなり、第一条に、

「諸国海上において賊船の儀、古く停止《ちょうじ》の処、こんど備後伊予両国の間、伊津喜嶋にて盗船つかまつるの族《やから》、これあるの由《よし》、聞こしめされ曲事《くせごと》に思《おぼ》しめされし事」

とある。すでに海賊行為は禁止していたのにこれを犯した、という咎《とが》めである。

この鉾先《ほこさき》は能島村上氏へ向けられたものだろう。九月八日には秀吉から隆景に対して、能島氏が最近海賊を働いたとかいうが言語道断のことだ、との書状が出された。こちらから成敗を加えるべきだが、そちらは隆景の持ち分なので処置は任せる、という内容のものである。

海賊禁止令の第二条と第三条は、国々浦々の船頭、猟師、舟使いなどの住民を、その地の地頭や代官の管轄下に入れて違犯のないように治めること。もし海賊行

為が発生すれば、その地の領主まで罰し、知行《ちぎょう》を召し上げるという厳しいものだった。

これによって瀬戸内での海賊行為は影をひそめたようである。宣教師ヴァリニャーノの天正十八年における報告では、これまで多く見られた海上での掠奪行為はなくなったと伝えている。

秀吉はほぼ天下を平定したのちも、村上武吉を目の敵《かたき》にした。なぜだろうか。これまでの為政者は陸の覇権だけで事足りていた。けれど秀吉は沿海にまで統治の目を光らせ、取り締まろうとする。そのとき最大の難敵として浮上したのが、海賊衆の統師としての村上武吉であった。一度は禁令を破る海賊行為を犯したとして切腹を命じるが、小早川隆景の庇護によって果たせない。ならば「赤間《あかまが》関《せき》より上国には居ること罷《まか》りならざる様に」と秀吉は隆景に伝えている。

武吉が能島城を明け渡して周防国屋代島《やしろじま》(山口県大島郡)に移ったのは天正十五年夏であった。だが、これでも気に入らず、秀吉は武吉を瀬戸内海から完全に追放したのだ。その執念はただごとでない。それほど武吉の存在が気がかりだっ

村上武吉父子が移住した屋代島（山口県竹原市）

たのだろうが、武吉と元吉父子は九州の冠《かむり》（現・福岡県糸島市加布里）というところに追いやられている。玄界灘に面する肥前と筑前の間にあり、秀吉の家臣山口宗永の屋敷内に住まわせられていたようだ。

　秀吉は国内を統一すると、野望は海外へと向けられてゆく。朝鮮出兵である。文禄元年（一五九二）、秀吉は十五万余の兵を朝鮮へ派遣し、みずからも玄界灘を望む名護屋城へ出向いている。このとき武吉は長門国（山口県）大津郡の日本海に近い村に移住させられている。元吉も近くで別の場所に移り住んだという。秀吉が在陣する名護屋城の本営近くに村上父子が居るのは目障《めざわ》りとして遠ざけられたともいうが、真偽のほどは定かでない。

朝鮮出兵の文禄・慶長の役の間は、武吉は長門国の閑村で逼塞《ひっそく》させられた。けれども毛利領内で能島村上氏に与えられていた知行高は六千七百余石だったといわれるから、決して冷遇されていたとは思えない。

秀吉の目の黒いうちは、武吉の自由はなかった。秀吉は天文五年生まれとも同六年生まれともいわれる。武吉より三歳か四歳年少の秀吉は慶長三年(一五九八)八月十八日に死去した。これで確執から解放されたが、秀吉の死は武吉にとって安堵《あんど》をもたらしたというより、寂寞《せきばく》の感を禁じ得なかったのではなかろうか。

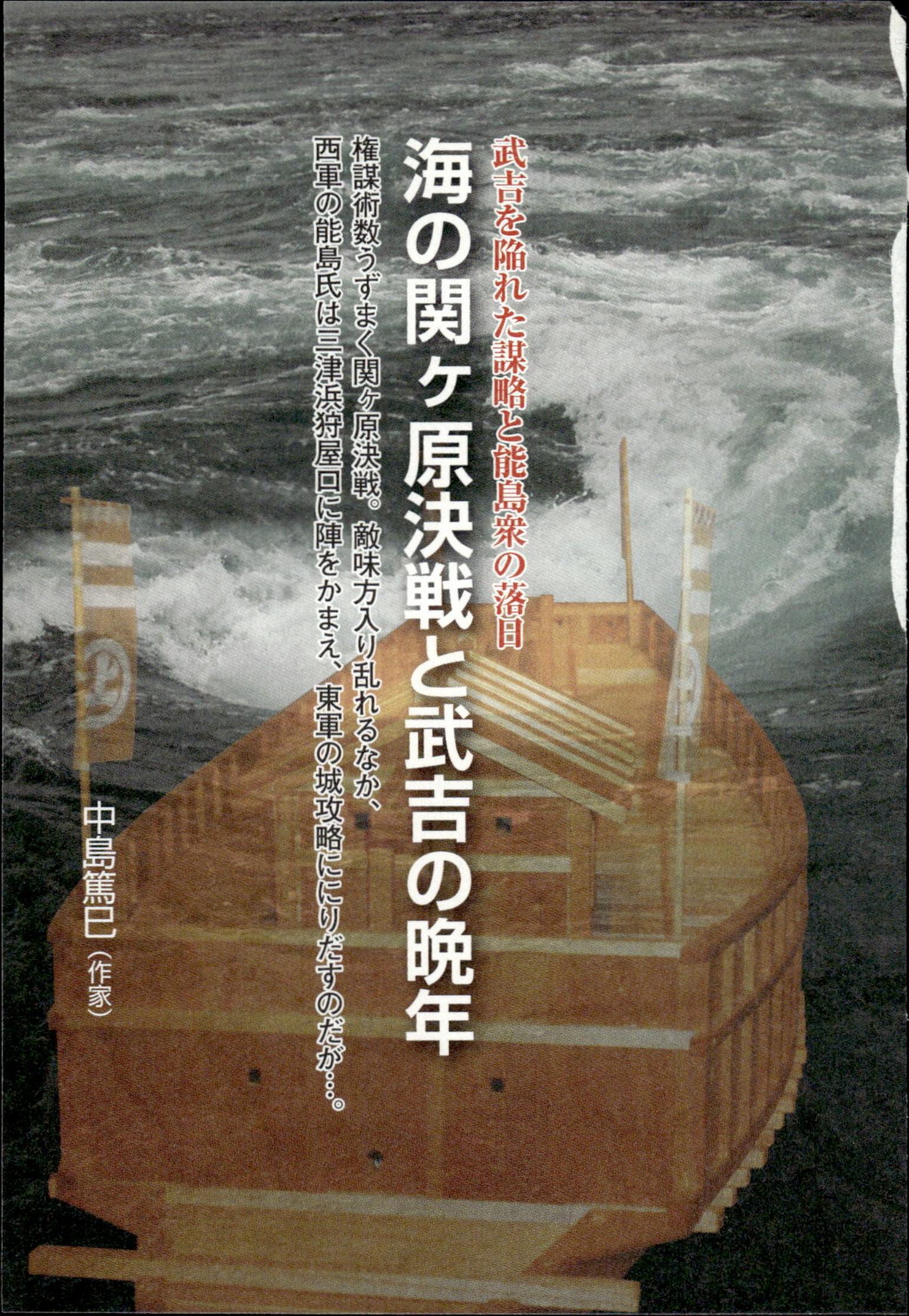

武吉を陥れた謀略と能島衆の落日

海の関ヶ原決戦と武吉の晩年

権謀術数うずまく関ヶ原決戦。敵味方入り乱れるなか、西軍の能島氏は三津浜狩屋口に陣をかまえ、東軍の城攻略ににりだすのだが…。

中島篤巳（作家）

裏切りと謀略の戦場

慶長五年（一六〇〇）九月十五日辰刻（午前八時）、昨夜来の雨もやみ、伊吹山《いぶきさん》の谷を霧がはい上る。東軍の背後、南宮山《なんぐうさん》には毛利軍一万六千の旗差物が風に揺れ、時折差し込む光が兜を飾る。

突如、一斉射撃の轟音《ごうおん》。七万五千の将兵のざわめきが盆地を埋める。先陣を切ったのは家康の懐刀《ふところがたな》井伊直政隊で、撃たれたのは西軍宇喜多秀家《うきたひでいえ》隊だ。弾幕が晴れると井伊の赤備えが美しい。

戦闘は午刻（正午）までは一進一退を繰り返したが、徳川軍の背後を突くはずの吉川広家《きっかわひろいえ》の毛利隊一万六千が微動だにしない。家康との密約で西軍を裏切って攻撃するはずの松尾山の小早川秀秋も動かない。秀秋は日和見《ひよりみ》をしているのだろ

天下分け目の戦場となった関ヶ原（岐阜県関ヶ原町）

うか。家康は業を煮やして松尾山へ威嚇射撃をした。驚いたのは秀秋である。やがて小早川隊一万五千は味方の大谷吉継隊めがけて突撃開始。同様に朽木隊、脇坂隊も寝返って西軍に攻撃を加えた。西軍主力の宇喜多隊、小西行長隊につづいて石田三成隊も総崩れし、大谷吉継は自害した。申刻（午後四時）、銃声がやみ、西軍は再起不能状態の負け戦《いくさ》となった。

三津浜刈屋口の戦い

海賊禁止令が出された天正十六年（一五八八）、小早川隆景は〝野島（村上武吉）が海賊行為を働いているようだから処分し、赤間関《あかまがせき》以東に居住させてはならぬ〟と秀吉から厳命されたため、武吉は山口県の日本海側の大津郡（長門市）に住んだ。

武吉を気遣っていた隆景は慶長二年に世を去り、翌年、秀吉も逝った。目障りだった秀吉の死により、毛利輝元は村上武吉・元吉《もとよし》父子を芸予制圧の要衝の竹原鎮海山《ちんかいさん》城に移住させることができた。

本丸から眺める海は広い。このとき武吉は、まもなく三津浜の合戦でわが子元吉を失い、墓をここに置くなど思ってもいなかった……。

徳川家康との緊張が極度に高まった慶長五年、豊臣方は西国の徳川方の城の攻略を実行する。武吉の子の元吉・景親《かげちか》兄弟は阿波蜂須賀《はちすか》氏の猪山《いのやま》城を攻め落とし、関ヶ原本隊の背後を突くべく、伊予へと歩を進めた。

伊予の東軍は、加藤嘉明《よしあき》の松前《まさき》城十万石と藤堂高虎の板島《いたじま》

秀吉の死後、村上武吉が居城とした鎮海山城跡（広島県竹原市）

（宇和島）城八万石である。城主は関ヶ原に出陣しており、両城ともわずかな留守居役だけ。藤堂高虎は柔軟な対応を見せたが、松前城は頑《がん》として開城を拒んだので城攻めしかない。

武吉・元吉父子は慶長五年九月十四日に松山市三津浜沖の興居島《ごごしま》に到着し、翌十五日に三津浜に上陸して布陣し、豪商に松前城への協力を禁じた。

賤《しず》ヶ岳《たけ》七本槍で名を馳せた松前城主加藤嘉明は関ヶ原で大勝し、武吉の主君毛利輝元は東軍に寝返って松前城の味方になっていた。そんなこととも知らずに味方たる松前城攻撃である。武吉たちには関ヶ原敗戦の報はまだ届いていない。

松前城には嘉明の弟忠明《ただあき》と家老の佃十成《つくだかずなり》が留守居していた。十成は『常山紀談』が「佃次郎兵衛十成は加藤嘉明の左の先手の士の将なり」と絶賛するほど筋金入りの知将である。

翌十六日。武吉側は伊予の平岡善兵衛なる人物を嚮導役《きょうどうやく》にし、使者曽根《そね》高房《たかふさ》と三千の兵力をもって開城を要求した。十成は忠明と謀略戦を決め込み、「了解し申した。されど妻子を片付ける間の猶予をいただきたい」と返答。攻め手は騙《だま》され、「それは当然至極、待ち申そう。開城を御快諾、有難うござった」と謝辞を述べ、帰陣した。

松前城に藤堂氏の大洲《おおず》城から援軍が着いたが、十成は「今、敵の大軍に襲来されており、謀略で一戦を交えるつもりである。武士が義を通しての謀略であり、弓矢で戦うのと同じである。城を枕に討死するつもりだが、勝てれば栄誉だ。しかし援軍に救われたとあっては、勝っても不名誉である」と援軍を辞退し、背水の陣で武吉たちに臨んだ。

毛利すなわち武吉の側では明日は松前開城、と勘違いして宴会が始まった、民家に陣を張ったので住民から酒肴が届き、宴会が盛り上がる。しかし、この「民家に布陣」こそ決定的な敗因であった。

松前は税が重かったので、この時に一揆が多発した。佃十成は住民がなぜ酒肴を届け、なぜ一揆を起こしたのかを問いただし、一計を案じた。住民数人から妻子を人質にとり、金を与えて毛利陣に送り込んだ。彼らには「松前の殿様は年貢が重いので、河野の殿様ゆかりの殿なら有難い。今、嘉明様は関東に出陣されており、城内は空っぽ、おまけに留守居は病持ちばかりです。佃十成様も病んでおられ、薬もございません。もう逃げ出されたかもしれません」と言わせた。武吉軍は話を信じ、酒の量も一気に増した。

仕掛け人が松前城に帰って敵陣の状況を知らせると、「さらば今夜、風雨の紛れ

加藤嘉明の居城、松前城跡（愛媛県松山市）

に一夜討ちすべしとて、嘉明の貯え置かれし白布を胴肩衣《どうかたぎぬ》に裁縫《たちぬ》いて配り与え、十成は背に松の字を墨にて書きて印とし、合詞《あいことば》を定め、首は取るべからず、貝の音を聞かば勝負を止めて引き取れと約束を定め」（『常山紀談』）ている。やがて、放っていた忍びが帰り、敵の状態や見張りの位置などを報告した。その結果、江戸山越えで子刻（午前零時）に夜討ちと決まった。

十成は陣の家々に火をかけ、薙刀《なぎなた》を振り回して斬り込んだ。この襲撃で武吉の長子元吉や曽根高房は討たれ、十成も深手を負った。

十成側の陣貝が雨の中に響き、やがて喧騒《けんそう》が陰鬱な静けさに変わった。

武吉たちは如来院に引き揚げ、翌日は道後山まで後退、そこで民衆を集めて再攻撃の補充をした。松前城側は手勢少なく、もう守りきれない。十成は百姓二百人を集め、人質をとって武装させ、道後へと急いだが、この頃になって両陣営が関ヶ原の結果を知り、毛利勢の退却が始まる。

敵の勝鬨《かちどき》を背に、武吉は船上にいた。元吉の血で染まった伊予の土、知り尽くしていた海。無意味な空しい戦いであった。

能島村上水軍の落日

関ヶ原合戦後、毛利輝元は八ヵ国百二十万石の太守《たいしゅ》から防長二ヵ国に移封されて三十六万石の大名になった。移封後、武吉は孫元武《もとたけ》を伴って周防国の上関《かみのせき》深浦に住み、翌慶長六年正月に周防屋代島《やしろじま》の和田に移った。安堵された所領は安下庄と屋代村島末。そこは盛時の二万石とは比べようもなく、わずかに千五百石。しかも五百石は安芸国への年貢返済用で鎌留めされ、実質的には千石。経済的窮乏で多くの者が離散していった。

やむを得ず給地（和田、伊保田）で増税し、今後は百姓を逃散《ちょうさん》に追いやった。やがて次男の景親は小泊、和田地区千五百石を給され、和田に住んで別家となる（景親流）。伊予はすぐそこ。小高い丘の上に登ると、防予諸島の向こうに忽那《くつな》の島々が広がり、石鎚山《いしづちさん》が招く。

慶長九年八月十二日、武吉は潮騒《しおさい》の音を聞きながら、和田の寓居で波瀾万丈《はらんばんじょう》の生涯の幕を閉じた。享年七十二歳。亡骸《なきがら》は内入《うちのにゅう》の大龍寺に葬られた。今は元正寺となり、宝篋印塔墓がある。武吉以後の能島村上家の菩提寺は屋代の龍心寺に移され、元吉を除く子孫とともに供養されている。

武吉の長子元吉の子元武の系流は元武流（村上図書《ずしょ》家）、武吉の次男景親の系流は景親流（村上一学《いちがく》家）と呼ばれる。

元武流は屋代に住

村上武吉の供養塔と一族の墓（山口県周防大島町・龍心寺）

み、給地は屋代、伊保田、油宇《ゆう》。慶長十五年、元武は萩城下に移り、元和四年（一六一八）に御船手組頭を命ぜられ、毛利藩船手衆として三《み》田尻《たじり》（防府市）警固町に居住した。

上関《かみのせき》天神前には明和元年（一七六四）に村上図書広武《ひろたけ》が先祖の霊を供養して奉納した灯籠があり、

上関城跡の碑には「村上義顕が築城し、第三子義敏、次いでその子武満が守った」といった内容の銘文が刻まれている。

なお、因島村上元充《もとみつ》も概略同様で、屋代島、三田尻御船手組頭といった経過をたどる。来島村上氏は森藩主として豊後玖珠《くす》に移封され、十代二百六十年を務めあげた。

瀬戸内の覇者
村上一族の実像と軌跡

日本最強の瀬戸内水軍を率いた 海賊大将村上武吉と一族の興亡

知られざるその出自と戦歴

前期村上水軍の軌跡

瀬戸内を舞台に数々の戦陣で勇名を轟かせた前期村上氏。三島村上氏へと受け継がれていった海賊大将の系譜の謎に迫る。

森本 繁（実証歴史作家）

三島村上水軍家関係略系図

（『尊卑文脈』『村上山満泉寺系図』『能島村上系図』）

（監修・森本　繁）

清和源氏（河内源氏）頼信—頼義—義家—義親—為義—義朝—頼朝

頼信—頼清—仲宗（村上氏）※①—盛清

盛清—為国（信濃村上氏）—安信—信村—胤信—信泰※②—信貞—師貞※③—師清

盛清—定国（伊予村上氏）—清長—頼冬—頼久—頼泰—頼員＝義弘＝師清（←師清）＝（義胤）

※①
仲宗—惟清（伊豆大島へ配流）
　　—顕清（越前国へ配流）
　　—仲清（阿波国へ配流）
　　—盛清（信濃国へ配流）

※②
信泰—義日（義光）
　　—国信（義国）
　　—信貞—師貞
　　　　　—師国

※③
師貞—師清＝（義胤）—義顕
　　　　　　　　　　—顕忠
　　　　　　　　　　—顕長
　　—義信—義胤（→（義胤））

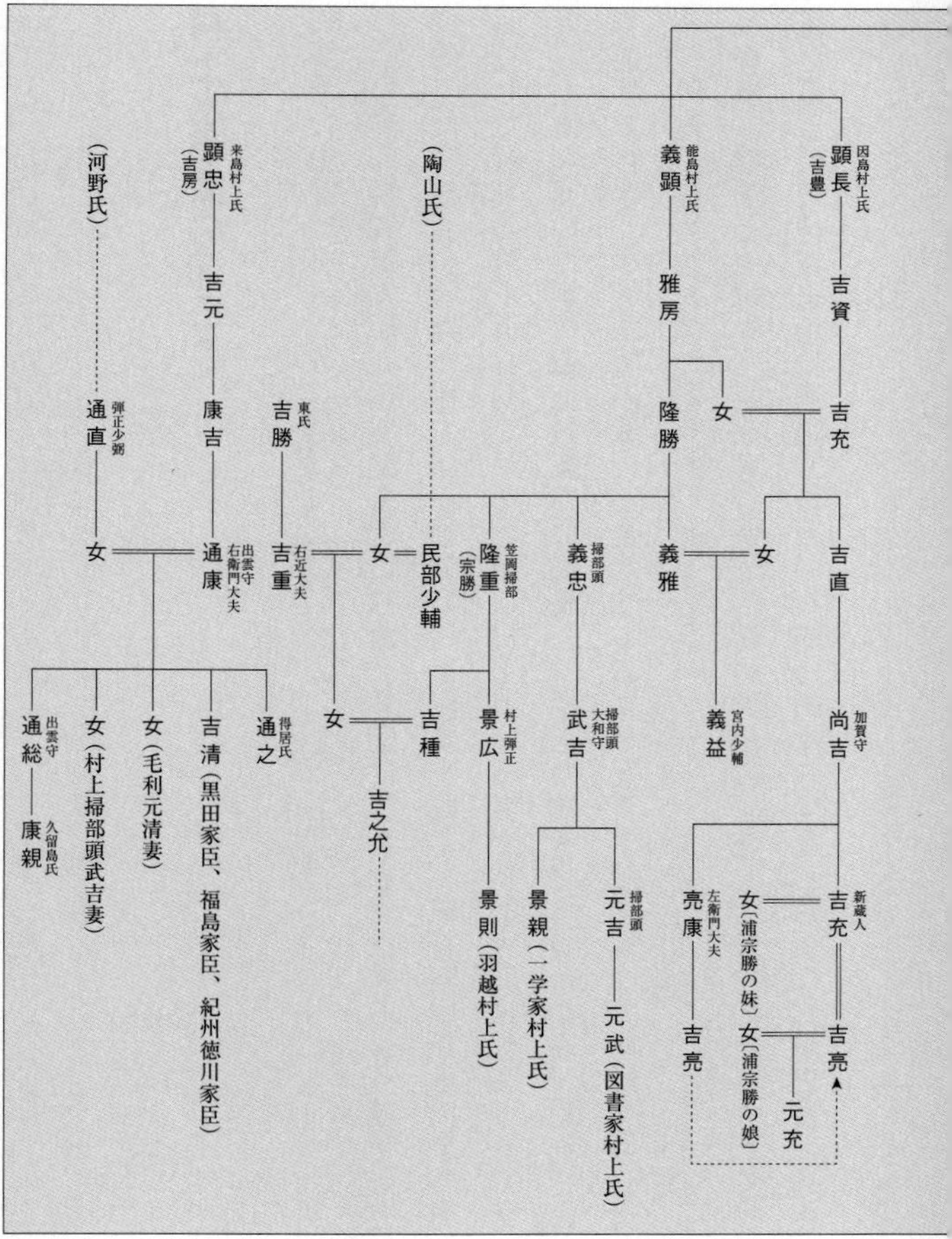
因島村上氏
顕長（吉豊）
吉資
吉充
吉直
加賀守
尚吉
新蔵人
吉充
女（浦宗勝の妹）
吉亮
女（浦宗勝の娘）
元充
左衛門大夫
亮康
吉亮
女
能島村上氏
義顕
雅房
女
隆勝
義雅
宮内少輔
義益
掃部頭
義忠
掃部頭
大和守
武吉
掃部頭
元吉
元武（図書家村上氏）
景親（一学家村上氏）
笠岡掃部
隆重
（宗勝）
村上弾正
景広
景則（羽越村上氏）
吉種
（陶山氏）
民部少輔
女
女
吉之允
東氏
吉勝
右近大夫
吉重
来島村上氏
顕忠
（吉房）
吉元
康吉
出雲守
右衛門大夫
通康
得居氏
通之
吉清（黒田家臣、福島家臣、紀州徳川家臣）
女（毛利元清妻）
女（村上掃部頭武吉妻）
出雲守
通総
久留島氏
康親
（河野氏）
弾正少弼
通直
女

村上水軍家の起こり

伊予の史書である『予章記《よしょうき》』に次のようなことが書かれている。

「天慶《てんぎょう》二年に純友《すみとも》が九州で乱を起こした。朝廷はこれを退治するよう越智好方《おちよしかた》に命じた。綸名《りんめい》を受けた好方は赤地錦《あかじにしき》の鎧と直垂《ひたたれ》を賜り、被官奴田新藤次忠勝を派遣して純友の首を取らせた。その頃、村上という者が新居《にい》大島に流謫《るたく》されて年久しく住んでいたが、海上の案内に通暁《つうぎょう》し、船上の達者であったから、勅許を得て連れて行き、中・四国の武士と合わせておよそ三百余艘をもって九州へ押し渡り、純友を退治したのであった」

海事に熟達した村上という者が伊予の新居大島に居住していたので、九州で反乱を起こした純友退治に同道したというのである。すなわち、これが史書にあら

日振島にある藤原純友籠居の地碑（愛媛県宇和島市）

われた村上水軍家の初見である。新居大島の大元神社は古代からの由緒を誇るが、その由緒書に、右に述べた『予章記』と同じような文言があり、好方に率いられた武将の名が「村上左衛《さえ》門佐《もんのすけ》友清《ともきよ》」と記されている。

一方、「慶長九年三月調、天和三年十一月増補」と奥書された『能島来島因島由来記』（長州藩士徳威《とくい》弥九郎通郷《みちさと》編纂）によると、この天慶の乱から百三、四十年を経た頃、清和源氏源頼義《よりよし》の弟頼清《よりきよ》の養子となった仲宗《なかむね》が、村上天皇の皇子具平《ともひら》親王の孫少納言師清《もろきよ》の娘を娶って村上姓を名乗り、清和源氏系村上氏の祖となったとしている。そして、この清和源氏系の村上氏が仲宗の次男顕清《あききよ》のとき、兄惟《これ》清《きよ》が起こした白河上皇呪詛《じゅそ》事件に連座して信濃へ配流されたとする。更級《さらしな》郡村上郷に居住した顕清の子息のうち、兄の為国《ためくに》が信濃に定住して信濃村上氏の祖となり、弟の定国《さだくに》が伊予へ下向して伊予村上氏の祖となったというのだ。すると、前に述べた『予章記』の記述との関係が問題となる。

すなわち、純友の乱のとき越智好方に率いられて水軍として出動した村上左衛門佐友清の子孫と、この清和源氏系村上氏とが、どうつながるかということである。残念ながら、この両者の関係は今のところ不明である。新居大島に流謫されていた村上氏は、藤原純友退治の功により罪が許されて、京都へ帰ったのであろうか……。

清和源氏流村上氏の系譜

『尊卑分脈』の清和源氏頼信流村上氏の系譜によると、村上氏は源頼信の次男頼清の嫡男仲宗に始まり、仲宗の次男顕清が信濃へ配流されて村上郷に住みつき、村上姓を名乗ったとされている。

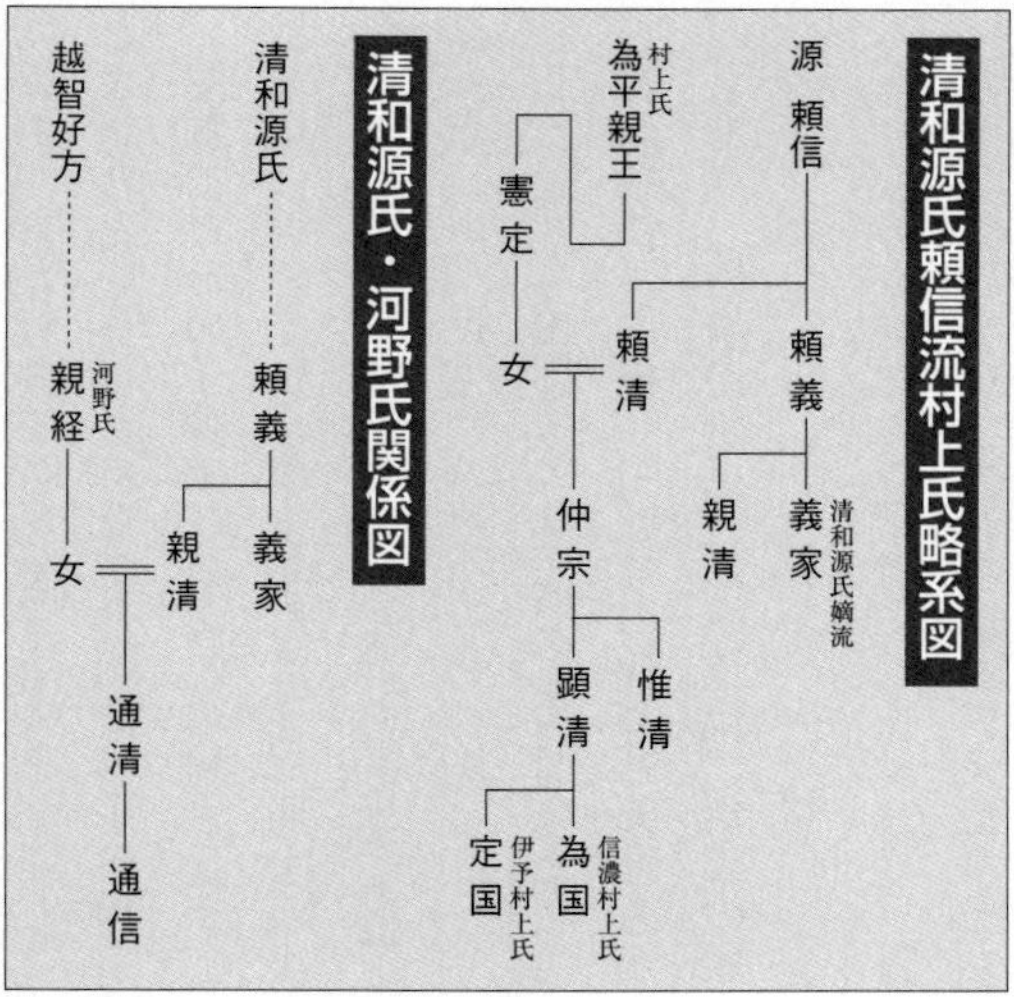

これが信濃村上氏の起こりであるが、その信濃村上氏の菩提寺である村上山満泉寺《むらかみさんまんせんじ》（長野県埴科《はにしな》郡坂城町《さかきまち》坂城）に伝わる村上氏系図によると、

「源頼清の妻修理姫《しゅうりひめ》は村上天皇の皇子為平《ためひら》親王の子右兵衛《うひょうえの》督憲定《かみのりさだ》の娘で、幼名を五明丸《ごみょうまる》と称した頼清はこの娘を娶《めと》って憲定の女婿となった」

とされている。為平親王は父村上天皇から村上姓を賜っていたから、頼清は憲定の婿養子となることによって村上姓を名乗り、村上源氏の祖となったということになる。頼清の子が仲宗である。

源頼清とその子仲宗にはじまる村上氏が、なぜ信濃に下向して信濃村上氏となったかについては、前述したように仲宗の次男顕清が信濃に配流されて村上郷に住みついたからである。すなわち『中右記《ちゅうゆうき》』（中御門《なかみかど》右大臣藤原宗忠《むねただ》の日記）の寛治八年（一〇九四）八月十七日の条に、

「村上仲宗の嫡子で当時の家長であった惟清《これきよ》が太上《たいじょう》天皇（白河上皇）を呪詛《じゅそ》した事件に加担して、父の仲宗と弟たちがすべて配流された」

とあり、惟清が伊豆大島へ遠流《おんる》、次弟の顕清が信濃へ配流されたというのである。

異説もあるが、この顕清に二子がおり、長男の為国が顕清の家督を継いで信濃村上氏の祖となり、次男の定国が保元の乱（保元元年＝一一五六）のあと瀬戸内海へ進出した。まず定国は淡路島へ渡り、そこに一族の左近将監宗清を残して西へ下り、讃岐の塩飽《しわく》島に居住した。しかし平治の乱（平治元年＝一一五九）で平

家が覇権を握ると、兵庫の大輪田泊《おおわだのとまり》に近い海域は平家の水軍が支配したので、さらに西遷して永暦元年（一一六〇）に伊予の越智大島へ移った。

伊予村上水軍家の誕生

伊予の越智大島は当時、「野島《のじま》」と呼ばれ、村上定国の祖父仲宗が足跡をしるした所とされていた。前記『能島来島因島由来記』によると、仲宗は純友の乱を平定した越智好方の子孫である河野親経《ちかつね》とともに伊予守源頼義の命を受けて、伊予の道前《どうぜん》と道後《どうご》に多くの神社仏閣を建立したからである。

その仲宗と親経の縁故をもって、仲宗の孫定国は親経の女婿親清の子河野通清《みちきよ》を頼り、定国の嫡子讃岐守清長が通清の家臣となった。村上讃岐守清長は、野島（越智大島）の来島海峡を望む亀老山《きろうざん》の山頂に隈ヶ嶽《くまがたけ》城を築き、伊予の村上水軍を統轄した。

治承四年（一一八〇）八月十七日、伊豆で源頼朝《よりとも》が平家打倒の旗を揚げると、伊予の河野通清もこれに呼応して挙兵したので、村上清長も従軍し、年が明けた養和元年（一一八一）一月十二日に伊予国北条の粟井坂《あわいざか》で河野通清に殉じて戦死した。ただし、伊予の史書である『伊予史精義』には、次のように記載されて、その日付を明らかにしていない。

「通清戦死の日子《につし》については、諸書其の記を一にせず。河野家譜は養和元年一月十五日のこととし、源平盛衰記の類によれば治承四年冬より養和元年一月までの事に属するが如し。されど阿波の豪族田口成良《たぐちしげよし》の伊予侵入は東鑑《あずまかがみ》を参考するに養和元年九月二十七日なること明らかなり。されば通清等の戦死はこれ以後ならざるべからず。予章記の記事が養和元年九月以後とみとめらるるは、其の要を得たるものなるべし。故に通清らの終焉は、これを養和元年冬のことに属するを至当とす」

筆者がその日付を養和元年春の一月十二日としたのは、越智郡伯方《はかた》村（今治市伯方町）の村上氏系図による。

粟井坂で戦死した村上清長の菩提寺は越智大島吉海（今治市吉海町）の竜慶寺

高龍寺にある前期村上水軍歴代の墓塔（愛媛県今治市）

であったが、勝利した平氏方の部将奴可《ぬか》入道西寂《にゅうどうせいじゃく》（備後国比婆《ひば》郡小奴可《こぬか》城主）の来襲によって伽藍《がらん》をことごとく焼かれた（『高龍寺由来記』）。そのあとに再興されたのが、今の高龍寺である。

戦死した村上清長のあとは、嫡子の頼《より》冬《ふゆ》が相続した。

ところが、この頼冬には嗣子がいなかったので、主家の河野家から河野通信《みちのぶ》の末弟通吉《みちよし》（粟井坂で戦死した通清の末子）の子亀千代丸を養嗣子にして家督を継がせた。これが伊予村上水軍家の四代頼久《よりひさ》である。

けれども、この頼久は「元寇《げんこう》」の弘安

の役に遭遇し、弘安四年（一二八一）七月十四日、河野通有《みちあり》に従軍して元軍と交戦中、通有の伯父伯耆守通時《みちとき》とともに戦死した。

戦死した頼久のあとを頼泰《よりやす》が受け、その子頼員《よりかず》を相続したのが、〝まぼろしの海賊大将軍〟と称される有名な村上三郎左衛門尉義弘《よしひろ》である。

村上義弘素性考

村上義弘の遺児信清《のぶきよ》の子孫の家系である島《しま》氏の家伝によると、義弘は清和源氏の出自で、村上為国から始まる信濃村上氏の五代目信泰《のぶやす》（信康）の三男義光《よしてる》（義日）の裔《すえ》（曽孫）だという。

すなわち、村上孫四郎信泰には三子があり、嫡男の孫三郎信貞《のぶさだ》は信濃守に任じて建武の役で足利尊氏に属して功があり、次男の修理亮国信《しゅうりのすけくにのぶ》は分家していたが、のちに本家を継いで信濃村上氏の嫡流となった。

三男の義光（義日）は子息の義隆《よしたか》（朝日《あさてる》）とともに元弘二年（一三三二）の討

幕挙兵に馳せ参じた。義光は吉野で護良《もりなが》親王を奉じて幕府軍と戦い、翌元弘三年二月、親王の身代わりとなって蔵王堂で壮絶な最期を飾った。義隆も吉野から脱出の途中で討ち死にしたが、この義隆の妻が義武《よしたけ》を産み、義武の子が義弘だというのである。

義隆（朝日）の妻は伊予の守護家河野氏の分家得能《とくのう》弥太郎通村《みちむら》の娘であったから、その娘から生まれた義武は伊予の得能家に育ち、後醍醐天皇から伊予で采地《さいち》（領地）を賜り、忽那島《くつなじま》に居住した。祖父義光と父義隆の忠死に対する恩賞である。したがって義武とその子は伊予の人となり、義武の長男が左馬助義信《よしのぶ》、次男が三郎左衛門尉義弘であった。

義武の家督は、はじめ長男の義信が継いだが、間もなく弟の義弘に譲り、義弘は居所を新居大島に移した。

以上が、島氏家伝による村上義弘の素性と系譜であるが、一方、前項で述べた伊予村上氏の系譜によると、義弘は信濃村上氏から分かれた伊予村上氏の六代頼員の子となっている。この違いをどう理解すべきか。

村上義弘が拠った新居大島城跡を望む（愛媛県新居浜市）

伊予では新参にすぎなかった義弘が、すでに水軍家としての地盤を確立していた伊予村上氏の養嗣子となったと考えれば納得がゆく。伊予村上氏の家系で、頼冬─頼久─頼泰─頼員と続いた「頼」の名が「義」と変わるのはそのためである。すなわち、島氏家伝による義弘の生家は、得能氏の後援があったとはいえ、その水軍家としての実力は皆無に等しい。この一族が千軍万馬の海賊衆を支配下において南朝のために活躍できたとはとても考えられない。それを可能にしたのは、義弘が伝統的伊予村上家を相続して支配権を得たからである。

島氏家伝の系図によると、義弘の妻は大野八郎左衛門の娘ということになっている。義弘はこの妻との間に二子があったとされ、女子は義弘の後継となった村上師清《もろきよ》の三男顕長《あきなが》（因島村上氏初代又三郎吉豊）に嫁ぎ、男子は義弘の死去のときわずか二歳であったという。この大野八郎左衛門は『予章記』にも登場する伊予の名門武将で、彼のもう一人の娘は今岡四郎左衛門通任《みちとう》に嫁している。通任は、弘安四年の役で活躍した河野通有の三男四郎左衛門尉通種《みちたね》の次男で、今岡の名跡を継いだ人物である。したがって、この通任と義弘とは義兄弟ということになる。

通任は伊予村上家の当主となった義弘とともに戦い、正平十九年（一三六四）秋から同二十四年末までの陣中記（「今岡陽向軒《ようこうけん》陣中記」）を後世に残した。

『予章記』に見る村上義弘の戦歴

伊予村上水軍家の統領《とうりょう》となった義弘は、生家所伝の新居大島と伊予村上家伝来の越智《おち》大島（野島）の両島を本拠とした。

伊予の史書である『予章記』が記す村上義弘の戦歴は次の通りである。出典は前述した今岡陽向軒の陣中記である。

まず義弘は延元三年（一三三八）、征西将軍宮懐良《かねなが》親王が九州遠征のため新居大島へ下向したとき、親王一行をお迎えして仮御所を設営して奉仕し、翌年、伊予忽那島へ護送した。ただし、これは義弘が伊予村上家に入る前の出来事で、今岡氏の陣中記に記載はない。

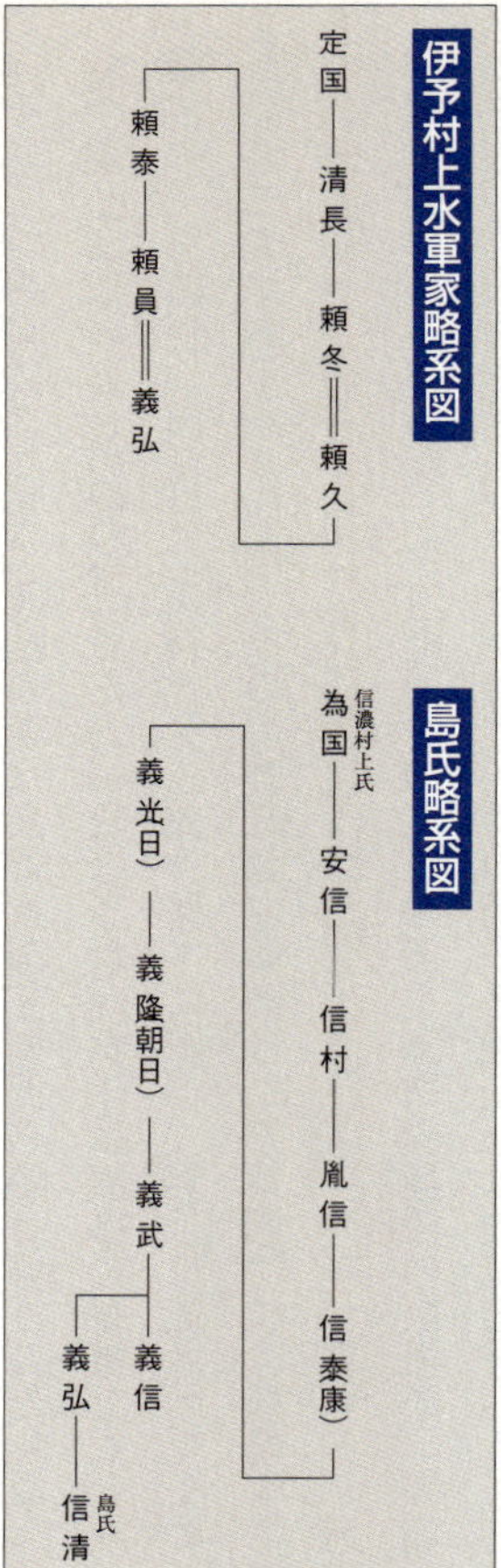

つぎに義弘は、正平二十年、阿波と讃岐の守護細川頼之《よりゆき》の侵攻で戦死した伊予の守護河野通朝《みちとも》の遺児徳王丸（十五歳）を助けて南朝に帰順させ、九州大宰府の征西将軍宮懐良親王の御在所へ護送した。二十六年前に新居大島に足跡をしるした懐良親王は、菊池氏の援助を受けて九州の各地に転戦し、今では大宰府を占領して征西府を樹立していたのである。

義弘が、元服した徳王丸通堯《みちたか》を征西将軍宮吏部《りべ》親王懐良に拝謁させた次第を『予章記』は次のように記載している。

「征夷将軍吏部親王、御直垂《ひたたれ》を召し替えて御対面有る。是《これ》は通直《みちなお》の錦の直垂にて、出仕之間、俄《にわか》に御衣《ぎょい》を召し替えたり。実に面目の至り也」

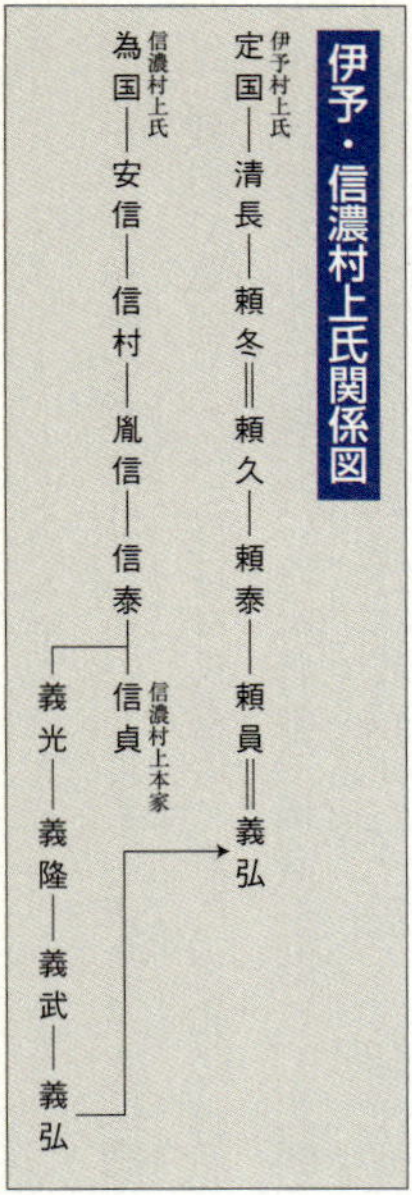

文中の通直とは、通堯が征西宮から賜った名で、このとき通直は讃岐守に任ぜられ、伊予の本領を安堵され

た。

だが、本領が安堵されたといっても、伊予全土は細川氏に占領されたままである。武力で奪回しなければならない。そこで義弘は河野通直を助けて、八面六臂《はちめんろっぴ》の大活躍をした。義弘は九州各地で通直を助けて北朝方の軍勢と戦ったあと、正平二十三年六月晦日《みそか》、伊予の松前浜《まさきはま》に上陸して伊予奪回作戦に乗り出した。

このとき義弘は伊予内陸部に侵入して転戦する河野通直の本隊を支援し、伊予水軍を率いて海上から高縄《たかなわ》半島沿岸を封鎖した。作戦は功を奏し、河野通直は恵《え》良《りょう》城をはじめ付近の諸城を奪回して、年が明けた正平二十四年、伊予の国府に入部した。八月になると、さらに東予の新居《にい》、宇摩《うま》の両郡へ軍勢を進めて生子山《しょうじやま》城（新居浜市）と高外木《たかとうぎ》城（西条市）を占拠し、念願の伊予奪回を成し遂げたのであった。

その過程で、義弘は伊予沿岸の海上に布陣した麾下《きか》の水軍部隊を安芸・備後の海域に遊弋《ゆうよく》させて、細川氏の救援にやってきた北朝方安芸の小早川氏、備後の杉原両氏の水軍を牽制して、その目論見《もくろみ》を封じた。

だが、このあと、義弘の名は史書に見られなくなる。いつどこで没したかも不明である。義弘の戦歴が記載されている『予章記』の「今岡陽向軒陣中記」が、正平二十四年十一月十六日の高外木城の攻防をもって終わっているからである。

前期村上水軍家の終焉

伊予の村上水軍家は前期と後期に両分され、前期村上水軍家は初代の定国から義弘まで七代である。その前期村上水軍家の掉尾《とうび》を飾る英雄義弘の晩年は謎に包まれている。

天授三年（一三七七）三月十五日付の因島村上家文書に、楠木正成《くすのきまさしげ》の弟和田正《まさ》氏《うじ》が讃岐国弘田郷の地頭職を兵糧料所として村上師清ら両三人に与えたという内容のものがあるが、その師清はこの年霜月十五日に因島の箱崎浦の戦いで北朝方今岡氏の軍勢を破って土生《はぶ》長崎を占領している。さらに師清は能島へ進出して伊予村上氏の名跡を継いだことがはっきりしているから、このときまでに村上義弘は他界していたと推定できる。この文書に出てくる村上師清は、後期村上水軍家の始祖だからである。

村上師清は、正平二十五年から天授二年の間に死去した義弘に代わって、その名跡を継いだ人物だが、その出自は信濃村上氏である。

信濃村上氏第七代師貞の子として生まれた師清は、伊予村上氏第七代の義弘が死去して後継者がいまだ幼いと聞き、これを憂慮する南朝征東将軍宮宗良《むねなが》親王と征西将軍宮懐良親王の意を体して、信濃国更級郡村上郷から瀬戸内へ下向し、北朝側に転じた副将の今岡氏を追放して、義弘の名跡を継いだのであった。『萩藩閥閲録』の「村上図書家譜」に、師清が「予州能島務司之城エ討入取之」と記載されているのはそういう意味で、師清が村上三郎左衛門尉義弘を討ち取ったのではない。

この村上師清のあと、伊予村上水軍家は師清の三人の後継者（義顕《よしあき》・顕忠《あきただ》・顕《あき》長《なが》）によって三分割され、能島、来島、因島の、いわゆる三島《さんとう》村上水軍となるのである。

能島村上家

時代の荒波に翻弄された能島村上水軍

村上元吉・景親兄弟

父武吉の跡を受け継いだ第六代目当主元吉と、類いまれなる武勇で兄を支える弟景親。彼らの輝かしい戦歴と天下分け目の戦いがもたらした悲劇に迫る。

森本 繁（実証歴史作家）

能島村上氏の系譜

能島村上氏は村上山城守師清《もろきよ》の嫡男義顕《よしあき》からはじまり、二代山城守雅房《まさふさ》、三代山城守隆勝《たかかつ》と続く家系である。隆勝ははじめ宮内少輔《くないしょうゆう》を称した。隆勝という名は周防・長門の太守《たいしゅ》大内義隆《よしたか》の偏諱《へんき》とされている。

隆勝は大永七年（一五二七）九月三日、享年五十一歳で亡くなったが、そのあとを相続した四代の惣太郎義雅《よしまさ》の継嗣をめぐって、家督争いが起こった。

「其嫡村上惣太郎義雅早世、嫡子宮内少輔義益《よします》事、村上大和守武吉《たけよし》と家督を論じ、相戦う。武吉勝利を得て、家を続《ぞく》す。武吉は掃部頭《かもんのかみ》義忠《よしただ》が子、義忠は義雅が弟也」

これは『萩藩閥閲録』の「能島村上家譜」の記述である。すなわち、能島村上

能島村上氏略系図（村上図書家系図）

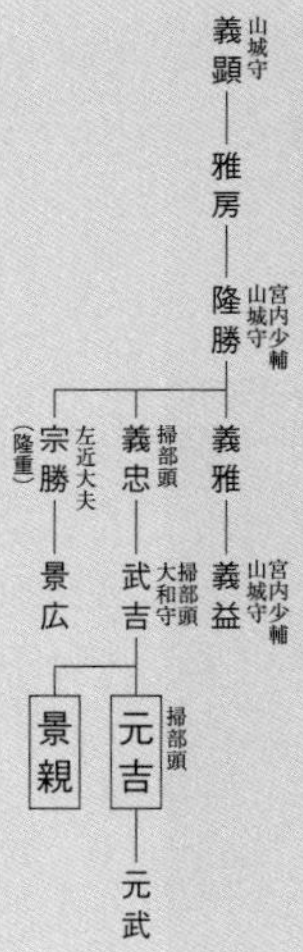

家では隆勝のあとをうけて第四代当主となった義雅が早世したあと、義雅の嫡子で宮内少輔と呼ばれた義益と、義雅の弟義忠の子武吉とが家督を争って武吉が勝ち、第五代当主となったというのである。このとき、義忠の弟で、先代義雅の末弟であった宗勝《むねかつ》（隆重）が武吉の後見役となって義益一派と戦い、九州に逃れていた武吉に勝利をもたらした。

表題の村上元吉《もとよし》・景親《かげちか》兄弟は、このとき勝利して能島村上家五代当主となった武吉の子息たちである。

第六代村上元吉

村上元吉は掃部頭武吉を父とし、来島通康《くるしまみちやす》の次女を母として天文二十二年（一五五三）、越智《おち》大島の宮窪《みやくぼ》で生まれた。『萩藩閥閲録』の「能島村上家譜」によると、元吉の名は毛利元就の偏諱《へんき》というが、初名は少輔太郎《しょうたろう》である。成人してのち、毛利家中の小田刑部《ぎょうぶ》信房の娘を小早川隆景の養女という名義で娶った。このように能島村上家は来島村上氏や安芸毛利氏と密接な関係を持ち、村上武吉は来島通康の娘を自分の養女にして毛利元就の四男穂田元清《ほいだもときよ》に嫁がせている。

元服した少輔太郎元吉の名がはじめて公の文書に出てくるのは、天正四年（一五七六）七月の摂津木津川《きづがわ》河口海戦のときで、小早川隆景が村上少輔太郎に宛てた七月二十八日付感状である。

「……今度上口警固のことでは大坂へ兵糧を差し籠め、木津川口において敵船を切り崩して数百人を討ち捕って勝利を得られた。上意御動座已後《いご》初めての御手合わせで、このような御太利をもたらされたことは珍重至極にて、いずれ輝元よりも御礼を申されることであろう。よって当方よりも金覆輪《きんぷくりん》

能島村上氏が本拠とした能島（今治市）

の太刀一腰、青銅千疋《びき》を進呈するが、くわしくは草井少輔三郎より申し述べる」

この木津川河口海戦については、同年七月二十四日付で、伊予守護河野通直《みちなお》から村上掃部頭武吉に宛てた感状があるので武吉も従軍したと思えるが、名義上、軍司令官として能島村上水軍を率いて戦ったのは、武吉の嫡子で二十三歳の少輔太郎元吉であった。右の文中にある毛利輝元からの礼状は、天正四年八月三日付で、次のように書かれている。

「今度上口警固について申し入れたところ、御自身で御乗船なされて敵船数艘を切り埋められ、数百人を討ち果たして大坂へ兵糧を差し籠められたことは、都鄙《とひ》の覚えも目出度く、合せてその御粉骨《ふんこつ》を賞し、太刀一腰と銀子《ぎんす》拾枚を贈らせる。なお委細は粟屋右京亮が申し述べる」

天正四年七月十四日付の毛利水軍十五将の軍忠状を見ると、末尾に小早川水軍の大将乃美《のみ》兵部丞宗勝《むねかつ》と並んで、村上少輔太郎元吉の名が書かれている。能島村上家の統領武吉の名代として、毛利水軍の総司令官の役割を担っていたことがわかる。

次に少輔太郎元吉の名が公式に現れるのは、天正五年七月二十九日付の少輔太郎宛て毛利輝元書状である。これは毛利氏が前公方《くぼう》足利義昭《よしあき》を奉じて織田信長と対決したとき、戦略上の拠点であった讃岐の元吉《もとよし》城を攻め、元吉が能島水軍を率いて従軍したことに対する感状である。同じ趣旨の感状は小早川隆景からも七月二十二日、七月二十四日、八月十二日と三通も出されており、能島村上氏が直属していたのは小早川隆景で、毛利輝元の感状は、この隆景からの推薦によるものであることがわかる。

小早川隆景と元吉

天正十年、織田信長の中国遠征がはじまり、先鋒の大将羽柴秀吉は三島《さんとう》村上水軍家に対して勧降工作を行った。この勧降で来島村上氏は織田方に寝返ったが、能島と因島は毛利方に踏みとどまった。これは小早川隆景が能島・因島両村上家に対して懸命な引き留め工作を行ったからである。というのも能島村上氏は、これまで永禄十二年（一五六九）と、元亀二年（一五七一）から天正二年にかけての、両度の離反があったからだ。

この天正十年の引き留め工作のとき、元吉は隆景の進言にもとづき、輝元から九月二十三日付で防州秋穂《あいお》に千石の新領を与えられ、掃部頭に推挙された。さらに十月二十日付で防州賀川と伊保で五百石を与えられ、同年卯月十四日付で隆景から「今後絶対に能島村上氏のことは忘却せぬ」との起請文を頂戴した。そのようなわけで、元吉は毛利陣営に踏みとどまり、現形《げぎょう》して織田陣営に走った来島氏を攻め、その所領に焼き打ちをかけた。敗れた来島氏の統領通総《みちふさ》は姫路の羽柴陣営に逃げ込み、元吉は小早川水軍の大将乃美宗勝と協力して、その残党を退治した。

だが、天正十三年になると、形勢は一変し、来島通総は天下人となった秀吉の先鋒となって四国征伐に従軍し、来島海峡の支配権を委ねられた。元吉は隆景から「能島村上氏のことは決して忘却せぬ」という起請文を頂戴しながらも、秀吉の意を体した隆景の命令で、来島海峡の武志《むし》・中渡《なかと》両島を来島村上氏へ明け渡して、父の大和守武吉とともに安芸・周防の沿海部へ退去せざるを得なかった。

しかも、天正十五年と翌十六年七月八日に秀吉の「海賊禁止令」が出ると、その禁を破って能島村上氏が斎島《いつきじま》で海賊行為を行ったという理由で叱責《しっせき》される。元吉は大坂城へ出頭して必死に弁明し、秀吉の側近戸田勝隆と小早川隆景の執り成

元正寺にある村上武吉夫婦の墓（山口県周防大島町）

しでやっと切腹だけは免れることができた。元吉は、筑前へ転封となった隆景に従って筑前へ移り、筑前と筑後で三千五百石を扶持《ふち》されたが、文禄の役には、弟の景親《かげちか》とともに毛利氏に従軍して、陸戦部隊に所属した。

村上三郎兵衛景親

兄の元吉とともに毛利氏に従軍して朝鮮の戦野で戦った三郎兵衛景親は、村上大和守武吉の次男で、永禄元年、来島通康の次女を母として生まれた。幼名を源八郎といったが、長じて三郎兵衛を名乗り、毛利氏に仕えて、永禄十年、十二歳のときに備中の東庄で百貫の地を拝領。天正十年には毛利輝元より安芸国能美島を与えられた。

天正十年は二十五歳のときであるが、武勇に秀でた彼には、それまでにも数々の武勲があったに違いない。だが、なんといっても景親の武功は、このあと文禄の役に従軍したときの朝鮮での戦功であろう。

村上武吉の次男景親（今治市村上水軍博物館蔵）

景親はこのとき小早川隆景の陣営にあった。文禄元年（一五九二）五月十九日、釜山《プサン》から漢城《ソウル》に至る補給路の要地洛東江《ナクトガン》の渡口《わたしぐち》を因島の村上喜兵衛元吉とともに守備するよう命ぜられた。そこで景親は茂渓津《ムゲエシン》に城砦を築き、敵襲に備えていたが、六月五日の夜、孫仁甲《ソンインブク》の率いる三百余の襲撃を受けた。

激闘数刻、敵軍は波状攻撃をかけて来襲したから、味方は多数の死傷者を出し、景親自らも身に重傷を負ったが、ひるまず、渡口を死守して任務をまっとうした。よって毛利輝元と毛利元清《もときよ》（元就の四男）は、六月六日と七日に感状と褒美を与えてこれを激賞した。さらに同年十二月にも景親は星州城の守備戦で武功をあらわし、輝元・隆景・元清の三将より賞詞を与えられている。

凱旋後、景親は主君の小早川隆景が隠居したのでその養嗣子秀秋《ひであき》に仕えていたが、慶長初年に秀秋のもとを辞して、毛利輝元に仕えた。このとき輝元から安芸蒲刈島《かまかりじま》を拝領した。

関ヶ原の役と元吉・景親兄弟

瀬戸内海の芸予諸島から退去を命ぜられていた能島村上家の当主元吉は、慶長三年（一五九八）八月十八日に秀吉が死去すると、再び瀬戸内に帰り、安芸鎮海《ちんかい》

村上景親が毛利輝元から拝領した下蒲刈島より本土を望む（広島県呉市）

山《ざん》城に拠った。毛利輝元から竹原を所領として与えられている。

慶長五年七月、東西両軍の激突が始まると、西軍の総帥・毛利輝元は七月二十九日、この元吉と蒲刈島の景親に東軍方阿波の猪山《いのやま》城の攻略を命じた。任務を果たして帰ると、今度は景親に備中笠岡の

城主村上景広《かげひろ》ととも
に水軍部隊を率いて
上方《かみがた》に出陣して伊勢

の津《つ》城を攻略する西軍を海上から支援するよう命じた。

他方、元吉には伊予の松前《まさき》城を攻撃するよう命じた。松前城主は東軍の武将加藤嘉明《よしあき》で、上方《かみがた》へ出陣しており、弟の加藤内記と家老の佃《つくだ》次郎兵衛十成《かずなり》とが留守居をしていた。命《めい》を奉じた両将は、それぞれ上方と四国へ向かって船出した。竹原から伊予へ向かった元吉は、因島村上氏の将吉忠《よしただ》（六代吉充《よしみつ》の弟）や毛利軍の部将宍戸《しし ど》善左衛門元真《もとざね》以下の諸将とともに九月十四日早朝、伊予三津浜《みつがはま》沖の興居島《ごごしま》に上陸した。ついで九月十六日、三津浜へ上陸して古三津《ふるみつ》の刈屋口《かりやぐち》に本陣を置き、翌十七日から松前城へ攻撃をかけようとした。

攻撃に先立ち、軍使を城内へ派遣して城の明け渡しを迫った。すると、城代の加藤内記は使者を欺《あざむ》き、「明日、城を明け渡す」と返答した。そこで攻撃軍は、折から百姓たちが陣中見舞いに献上してきた酒肴で酒盛りをはじめた。

鎮海山城中腹にある村上元吉とその家臣の墓（広島県竹原市）

　だが、これは城代の加藤内記と家老の佃十成とが企んだ詭《き》計《けい》で、攻撃軍の将兵が酔いつぶれて寝入ったところをねらって夜襲をかけた。そのため、毛利勢はさんざんに討ち取られ、能島・因島の両将はじめ名だたる部将が戦死し、敗残の兵たちは、危うく死を免れた総大将の宍

戸善左衛門に率いられて安芸へ逃げ帰った。

　この敗北によって能島村上氏は壊滅的な打撃を受け、老いた武吉は泣く泣く元吉の遺児元武《もとたけ》（六歳）を連れて周防屋代島《やしろじま》へ移った。

　一方、景親は伊勢と尾張の海域でめざましい戦功を挙げたが、関ヶ原の敗北でその功は烏有《うゆう》に帰し、同じく屋代島の和田へ退去した。彼は戦死した元吉の遺児元武を後見して娘を嫁がせたが、毛利家からは別に扶持を受けて一家を立てた。元武の子孫が「図書《ずしょ》家」と呼ばれるのに対して景親の子孫は「一学《いちがく》家」と呼ばれる。ともに毛利藩船手組の組頭を務め、寄組《よりぐみ》の待遇を受けた。景親が死去したのは慶長十五年（一六一〇）二月九日、享年五十三歳であった。

来島村上家

主家背反に奔らされた御家騒動

来島通康・通総父子

主家河野家の家督騒動に翻弄され、無念の生涯を送った通康。
積年の恨みは嫡子通総に受け継がれ、通総は主家に背反する……。

森本　繁（実証歴史作家）

来島村上氏の系譜

来島通康《くるしまみちやす》は、来島村上氏の初代顕忠《あきただ》（吉房《よしふさ》）から数えて四代目の当主である。永禄十年（一五六七）十月二十三日に享年四十九で没しているから、誕生は永正十六年（一五一九）ということになる。したがって、厳島《いつくしま》合戦当時の年齢は数えで三十七歳となり、その娘が能島村上氏の統領武吉《たけよし》に嫁いだという所説が肯定できる。

久留島《くるしま》藩家老家所伝の来島村上氏の系譜によると、来島村上氏は伊予の守護家である河野氏から分立し、村上右衛門大夫通康《みちやす》は河野弾正少

瀬戸内海の難所でもあった来島海峡

弼通直《みちなお》の婿ということになっている。

すなわち、

「先祖は信濃村上なり。浪人となり流落のとき、伊予国に赴き、河野氏に依《よ》って累代家臣となり、数度の忠節あり。弾正少弼の子四郎は幼弱にして愚昧《ぐまい》ゆえに、弾正少弼は通康をもって婿となし、諱字《いみなあざな》および側《そば》折敷《おしき》三文字の紋ならびに河野家の系図と記《しるし》を付与す」

と記し、通康が河野家を継承したことになっている。

だが、このことの可否を検討する前に、来島村上氏がそれまで果たしてきた役割を簡単に解説しておこう。

『東寺百合文書《とうじひゃくごうもんじょ》』によると、応永二十七年(一四二〇)頃、村上右衛門尉という武将が伊予弓削島《ゆげのしま》荘の所務職になっており、それが康正二年(一四五六)の頃になると、村上治部進に代わっている。

これは来島村上氏の初代顕忠《あきただ》と二代の吉元《よしもと》に比定され、それぞれ伊予国守護河野氏によって承認を受けている。すなわち、来島村上氏は河野家に直属して瀬戸内海の治安に任じ、弓削島の手前の岩城島に設けられた関立や大崎下島の御手洗《みたらい》に設けられた海関の警備にあたっていたことがわかる。

寛正三~四年(一四六二~三)頃、岩城島の関立が海賊に襲われ、大永二年(一五二二)七月に芸州警固衆が大三島へ来襲したとき、御手洗の来島衆が応戦したとの確かな記録が残っている。伊予の来島に本拠を置く来島村上氏は、このほか大三島東端の甘崎《あまざき》や鼻栗《はなぐり》瀬戸の伯方島《はかたじま》北端に城砦を築いて、内海航路の警備に任じていたのである。

河野家来島騒動

通康が数えで二十三歳になった天文十年（一五四一）の暮れ、永正十六年七月二十日に来島城で病没した先代通宣《みちのぶ》のあとを受けて河野家の当主となっていた弾正少弼通直《みちなお》が、女婿《じょせい》の通康に家督を譲ると宣言した。すると、譜代の老臣たちがこれを拒否し、分家（予州家という）の通政《みちまさ》を推した。通康は村上姓であり、女婿といってもそれは妾腹の娘であるというのが反対の理由である。

しかし、通直は「通康が村上姓といっても、その祖頼久《よりひさ》は河野の遠祖通清《みちきよ》の孫で、通信《みちのぶ》の甥であり、村上氏中興の英主義弘《よしひろ》は河野通尭《みちたか》を補佐して功績が大であったのだから、河野家の聟《むこ》たるにふさわしい」と主張して譲らず、ついに老臣たちは通政を擁立して通直に背き、機先を制して湯築《ゆづき》城を囲んだ。

河野氏の本城、湯築城跡（愛媛県松山市）

通直は女婿の通康とともに抗戦したが、衆寡《しゅうか》敵せず、敗れて自刃しようとした。すると通康は通直を背負って堀を越え、囲みを破って来島城に逃げ込んだ。

そこで、湯築城に入った通政は戦功のあった将士を賞し、さらに来島城を攻めたが、来島城は急湍渦巻《きゅうたんうずま》く当国無双の名城であったから、どうしてもこの要害を落とすことができず、ついに寄せ手は来島城の通直に和議を申し入れた。「どうか湯築城に帰還して、通政と仲直りし、父子の契約を結んでほしい。そのかわり通康は家門に列し、河野家の姓と家紋を賜うことにする」と妥協したのであった。

やむなく弾正少弼通直もこれを受諾し、家督を通政に譲った。通政は足利十二代将軍義晴《よしはる》から諱《いみな》の一字を賜り、晴通《はるみち》と称した。だが、この晴通は不幸にして天文十二年四月二十四日に早世し、そのあとは舎弟の通宣《みちのぶ》が相続した。

こうして騒動は妥当な線で落着したが、おさまらないのは通康である。憤懣《ふんまん》やるかたなく、空しく年月を過ごすうちにとうとう卒去してしまった。そこで嫡子の通総《みちふさ》は、この亡父の憤りを継ぎ、天正年中に河野家が衰微したとき主家に背いて豊臣秀吉の家臣となった。しかもこれには通総の母（通康の妻）の力が大きく影響している。通総は母とともに、亡き父通康の仇《あだ》を報じたわけである。

通康の戦歴

ちょうどこの頃、河野家は対外的な危機にさらされ、細川・大内両軍の侵入を受けていた。これまで河野氏は大内氏と友好関係を保っていたが、大内義興《よしおき》が娘を阿波の細川家に嫁がせて和親策をとったため、後援を失った河野氏が豊後の大

得居家を継いだ通之が治めていた鹿島（松山市）

友義鑑《よしあき》と通じたからである。そこで管領《かんれい》細川晴元は天文八年十月に義興の女婿となった細川持隆《もちたか》に命じて伊予を侵略させ、大内義隆《よしたか》も天文九年八月に警固衆白《しら》井《い》房胤《ふさたね》の水軍をもって伊予風早《かざはや》郡の中島を攻略させた。

しかもこの大内警固衆の攻撃は再三にわたって繰り返さ

[redacted]れ、天文十年六月十[redacted]八日と十月十九日に[redacted]大三島を襲撃してい る。これはこの年一月十二日に安芸国の厳島神領《しんりょう》郡桜尾《さくらお》城主の友田興藤《おきふじ》が出雲の尼子晴久《はるひさ》に通じて大内氏に反逆したとき、河野氏の水軍がこれを助けたという理由によるものであった。このとき弾正少弼通直の命を受けた通康は、麾下《きか》の得《とく》居《い》・平岡・今岡の諸将を指揮して、能島村上氏とともに大三島水軍の提督大祝《おおほうり》安舎《やすおく》を助けて侵入軍を撃退している。

天文十年の暮れに通直が家督を通康に譲ると言い出したのは、このときの通康の働きに感動したからでもあった。大三島の大山祇《おおやまつみ》神社は河野氏の氏《うじ》の神《かみ》であり、ここが大内軍に占領されては河野氏は滅亡したにも等しい。

以上のような来島騒動が決着したあとも、大内義隆は天文十三年四月と天文十五年二月と八月に警固衆白井房胤・冷泉隆豊《れいぜいたかとよ》の両将に命じて風早郡の中島や越智郡の島々を攻略させた。しかし、このときも忽那《くつな》水軍に加勢した通康は今岡・村上・東・岩城・東条の各部将を指揮してこれを撃退している。

河野家では天文十二年四月二十四日、通康とはライバルの関係にあった晴通《はるみち》が病死したあと、その弟である通宣《みちのぶ》が家督を継承したが、この通宣は幼少であったから、しばらくは先代の弾正少弼通直《みちなお》が政務を担当したが、通康の奮戦はこの通直の命を奉ずるものであった。通直が亡くなったのは、元亀三年（一五七二）八月二十六日である。

たび重なる出兵で河野氏を苦しめた周防・長門の太守《たいしゅ》大内義隆が天文二十年九月一日に逆臣陶晴賢《すえはるかた》に弑《しい》されて、このあと、晴賢と毛利元就の厳島合戦が始まるが、この弘治元年（一五五五）十月一日の厳島沖海戦に通康が参戦したかどうかは明確でない。

信頼できる古記録『棚守房顕覚書《たなもりふさあき》』には、沖家すなわち能島、来島両村上氏の軍船二、三百艘が来援したとあるから両氏とも参戦したように思えるが、合戦の記録である『三島海賊家軍日記』や『厳島合戦之記』を見ても、来島通康やその子通之《みちゆき》・通総《みちふさ》の名は出てこないので、来島父子は自ら出陣せず、通康は麾下《きか》の軍船を女婿である能島の村上武吉に委《ゆだ》ねて参戦させたのではあるまいか。能島村上氏だけでは、とても二、三百艘もの軍船は調達できないからである。河野氏直属水軍の提督である通康が自ら参戦すれば、陶氏戦勝のあかつきには再び大内氏の執拗な攻撃にさらされ、河野氏は滅亡の悲運におちいる危険があったからである。

だからこの合戦が毛利軍の勝利におわり、元就の防長経略が始まると、今度は大っぴらに毛利に加勢した。すなわち、弘治二年三月から翌年四月におよぶ毛利氏の防長経略に、通康は麾下の平岡左近進《さこんのじょう》、村上河内守に軍船百艘、将兵二千を与えて従軍させ、防長海域を北九州から遮断して大内義長《よしなが》の逃亡を阻止した。そのため、元就はその勲功を賞して、武吉と通康に周防大島（屋代島）を両分して与えている。

通総の背反

通康には通之《みちゆき》という長子があったが、得居家を相続し、のちに秀吉に仕えて三

来島村上氏歴代の居城、来島城跡

千石を領している。次子は吉清《よしきよ》で、黒田、福島と紀州徳川家に順に仕えた。早世した男子三人と、毛利元清および村上武吉に嫁いだ女子二人を中に置いて、末子が来島村上氏を相続した通総である。

幼名を牛松といったが、父通康が永禄十年十月に亡くなったあと家督を相続すると、元亀元年（一五七〇）に越智《おち》郡日吉《ひよし》郷の海会寺《かいえじ》領を押領《おうりょう》して、その公用銭を着服した。ここは将軍側近の梅仙軒霊超《れいちょう》の知行地で、以前から公用銭の未納が続いていた領地だったから幕府も注目し、ただちに通総の押領をやめさせるよう伊予の守護牛福丸通直に命じた。だが、通総はいっこうに聞かなかったというから、父の通康に劣らず相当のしたたか者であったことがわかる。

この頃では伊予の河野家も、土佐の一条康政と結んだ宇都宮豊綱《うつのみやとよつな》に反抗され、それを安芸の毛利氏の救援でやっと鎮圧できた（永禄十一年二月）というていたらくで、その権威はとみに失墜していたのであった。

その河野氏に通総が公然と反旗をひるがえしたのは、天正七年（一五七九）九月であった。このとき通総は風早郡鹿島《かしま》城代の二神豊前守と結託して、河野氏の部将で高仙山《こうぜざん》城主の池原通成《みちなり》を討ち果たし、謀反の緒戦を飾ろうとしたが、計画は失敗におわり、二神豊前守は鹿島城を追われて来島に逃げ込んできた。

このあと通総は急速に織田信長と接近し、諫言《かんげん》する家老原四郎兵衛を殺して天正十年三月、ついに羽柴秀吉の陣営へ走った。このとき秀吉は同じような働きかけを能島・因島両村上氏にもしたので、一時は三島《さんとう》村上水軍がこぞって織田方となって毛利領内に攻め込んでくるとの風聞が流れ、安芸の五箇浦（広島湾岸の五ヵ村で、現在の広島市街地）や厳島では大恐慌をきたした。

しかし、能島や因島が来島に同調しないことを知ると、一時厳島から対岸の大

得居通之が居住した恵良城跡（松山市）

野浦や廿日市《はつかいち》に避難していた人々も安堵の胸を撫《な》でおろし、再び厳島へ帰った。そこで毛利氏は能島・因島の両村上氏に感謝状を送るとともに、両氏の水軍を先頭に立てて麾下の水軍部隊をもって来島・鹿島およびその領分である波方浦・大浜浦・難波・正岡郷などを攻撃した。さすがの通総もこれには参って天正十年五月、命からがら兄の通之や吉清とともに秀吉の陣営へ逃げ込んだ。

その通総が再び来島に帰ってくるのは、二年後の天正十二年十月であった。豊臣政権が誕生して毛利氏がその支配下に入り、秀吉が通総を伊予に帰国させた

来島通総と家臣の墓（松山市・大通寺）

からである。しかも秀吉は、四国全土を手中におさめた土佐の長宗我部氏を討伐するため四国へ軍を進め、天正十三年六月、通総を毛利軍の先頭に立てた。

かくして秀吉は長宗我部元親《もとちか》と河野通直を屈服させると、河野氏から伊予国を没収して小早川隆景に与えるとともに、来島通総と得居通之に風早郡の鹿島城と恵良《えりょう》城を与え、それぞれ一万四千石と三千石の領主とした。

しかし、所詮《しょせん》は秀吉によって使われる将棋の駒。秀吉の朝鮮出兵に水軍として従軍したが、文禄二年（一五九三）六月七日に得居通之、慶長二年（一五九七）

九月十六日には来島通総が、あえない最期をとげてしまった。

因島村上家
織田水軍を撃破した海賊大将
村上吉充・亮康兄弟
厳島と木津川口で毛利水軍の勝利に大きく貢献した因島村上家。
武勇をもって鳴る兄弟の戦歴と、過酷な没落への道程。
森本 繁（実証歴史作家）

因島村上氏の系譜

因島《いんのしま》村上氏は初代の顕長《あきなが》から始まり、二代吉資《よしすけ》をへて六代の吉充《よしみつ》に至る。とくに名だたる武将にはこの三人ともう一人、吉充の弟亮康《すけやす》がいる。

初代の顕長は又三郎吉豊《よしとよ》ともいい、晩年になって「備中入道」と称した。備中入道は応永三十四年（一四二七）十月に播磨の赤松満祐《あかまつみつすけ》が室町将軍家に背いたとき、備後の守護山名時熙《やまなときひろ》の呼びかけに応じ、四代将軍足利義持《よしもち》の命を奉じて討伐に出陣し、翌年の正長元年（一四二八）十月二十日付で備後国田島《たしま》の地頭職《じぞうしき》を与えられている。

当時の瀬戸内海では、東部の備中以東では阿波・讃岐の守護細川氏が支配権を掌握して治安の維持に任じ、西の周防・長門の海では守護の大内氏がにらみをきかせていたので、海賊の難にあうことは少なかった。ところが、その中間の備後から安芸にかけての海域では有力な守護大名がいなかったため、海賊が跋扈《ばっこ》していた。そこで永享六年（一四三四）六月、明《みん》国の使節が京都に入って幕府に禁寇《きんこう》を要請したとき、幕府は因島の村上備中入道に海の治安維持を命じている。

　これは、備後の守護山名時熙が幕府の諮問《しもん》にこたえて「当節、因島に村上という者がいるから、彼に遣明船などの海上警固を申し付ければよろしい」と献策したからである。すなわち海賊衆村上氏は、盗賊ではなく、その盗賊から海の治安を守る海上警察であり、同時に陸の守護や戦国大名からの出陣要請があれば、それに応じて戦う水軍の提督だったのである。

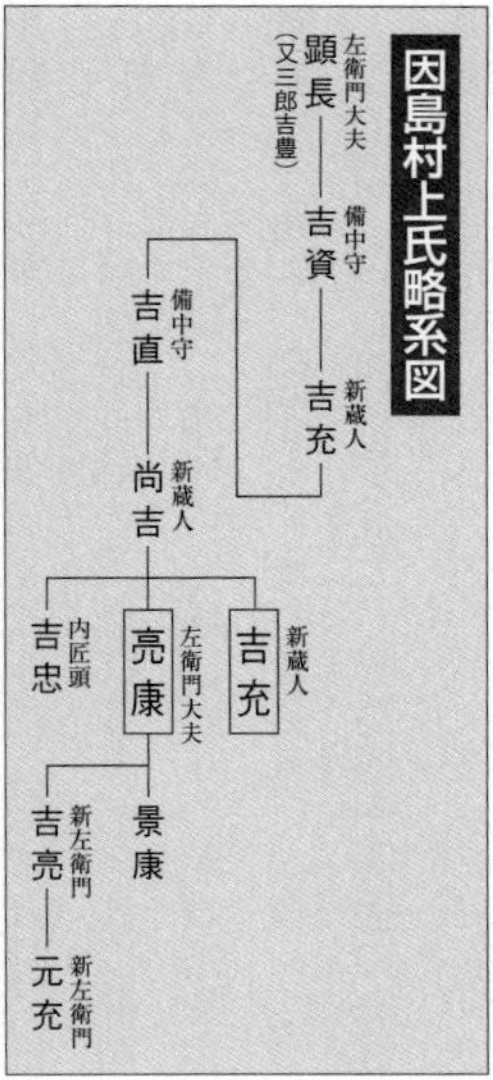

　二代の備中守吉資《よしすけ》は宝徳元年（一四四九）、伊予の守護河野教通《のりみち》の要請を受けて伊予国越智郡玉川の佐《さ》礼《れい》城

攻略戦に従軍し、享徳二年（一四五三）五月には幕府の管領《かんれい》細川勝元《かつもと》の命を受けて伊予の守護河野通春《みちはる》の護衛に任じている。同時に海上貿易にも従事し、吉資麾下《きか》の宮地大炊助《おおいのすけ》は備後の守護山名氏の年貢米を高野山へ輸送したり、六百石船の熊野丸をもって明国との海外貿易も行った（『戊子入明記《ぼしにゅうみんき》』）。

この頃、いわゆる倭寇《わこう》として高麗や明国の海域で勇名を轟《とどろ》かせた瀬戸内の海賊衆は、主としてこの因島村上氏と安芸の小早川氏の庶族である小泉・浦《うら》・生口《いくち》の各氏であった。

寛正三年（一四六二）の『教王護国寺文書』によると、備中守吉資は寛正三年に室町幕府から因島の地頭職に任ぜられているが、この頃の彼の支配権力は一門衆二十二騎、外様衆二十八騎、家中給人《きゅうにん》二百六十四騎という陣容で、因島市資料第六集の『能島来島因島由来記』に記載されている「因島家村上氏五十八家衆」の総禄高は三万一千三百二十二貫である。これを江戸時代の農政手引書『地方凡例録《じかたはんれいろく》』の二十貫＝百石の割で石高に換算すると、十五万六千六百十石ということになる。

織田水軍を苦しめた村上吉充

因島村上氏六代の新蔵人《しんくらんど》吉充は通称又三郎といい、妻は乃美賢勝《のみかたかつ》の娘で、小早川水軍の提督浦《うら》（乃美）宗勝《むねかつ》の妹であった。

因島村上氏と毛利氏とのかかわりは、天文十三年（一五四四）七月三日付で大内義隆《よしたか》が因島の村上新蔵人に宛てた下文《くだしぶみ》に始まる。これは当時、安芸から備後へ勢力を伸ばしていた義隆が毛利氏に命じて、尼子方に寝返った備後の神辺《かんなべ》城主山名理興《ただおき》を討伐するための戦略の一環で、因島村上氏の当主であった新蔵人尚吉《なおよし》に鞆《とも》ノ浦《うら》で十八貫の地を知行《ちぎょう》させるというものである。

すなわち、海上輸送の基地である鞆ノ浦を因島村上氏に与えて、備後海域の警備を担当させようというねらいで、毛利軍の兵員や兵糧の輸送に従事しているのは小早川水軍であったから、その司令長官である隆景や提督宗勝の指揮下に入ったというわけである。このとき鞆ノ浦の警備に直接任じていたのは新蔵人尚吉の三男亮康であった。

因島村上氏６代吉充（因島水軍城蔵）

天文二十四年九月、安芸沼田《ぬた》本郷の小早川隆景より因島村上氏の統領又三郎吉充のところへ、厳島合戦の出陣要請があった。吉充はすぐさま海将末長《すえなが》左近大夫《さこんのたいふ》はじめ重臣たちを集めて協議し、「われらはかねて毛利・小早川両氏と特別な関係にあり、喜んでお味方仕る」と回答した。

厳島合戦を中心とした毛利側の水軍戦記『厳島合戦之記』や『三島海賊家軍日記』によると、因島村上水軍を指揮したのは磯兼（末長）左近大夫景道《かげみち》である。彼は小早川隆景の麾下《きか》に入り、合戦の始まる十月一日の前夜のうちに大野瀬戸を

厳島合戦の舞台となった大鳥居

迂回して厳島神社の大鳥居前で夜を明かしている。そして十月一日の卯の刻（午前六時）、毛利軍本隊が博奕《ばくち》尾《お》であげた狼煙《のろし》と法螺貝《ほらがい》の音を合図に、敵船に合戦を挑んだのであった。

まず敵船団の舳《みよし》の直前を横一文字に航行して鎌鑓《かまやり》で敵船の碇綱《いかりづな》を切り取り、混乱した敵船に火矢船が火矢を浴びせかけ、焼かれて右往左往するところを、さらに炮録船《ほうろくせん》が接近して炮録（手投げ爆弾）を投げ込むという戦法だ。そのあと得意の白兵戦で、武者船を漕ぎ寄せ、白刃を振る

村上吉充が築いて居城とした余崎城跡（広島県尾道市）

いながら敵船に乗り込んで片っ端から敵兵を海中へ追い落とすのである。

このとき因島村上衆は大島衆の艦船を切り崩し、指揮官の末長左近大夫は大島警固衆の大将伊賀某を討ち取ったといわれる。

厳島合戦で勝利をおさめた毛利氏は、ひきつづき周防と長門の攻略に移ったが、このときも村上吉充は兵船五十艘、兵三百人を出陣させてこれに加勢し、関門海峡を封鎖して大内残党の九州逃亡を阻止した。そのため吉充は弘治三年（一五五七）に防長経略が終了すると、新蔵人に推挙され、公式に備後向島《むかいしま》一円の領有を許された。

永禄二年（一五五九）から永禄四年におよぶ毛利氏の豊前門司《もじ》城攻防戦で、吉充麾下の因島村上水軍は浦宗勝の指揮する小早川水軍の一翼を担い、勇戦して大友軍を撃退したが、因島村上水軍の名が戦史に不滅の記録を残すのは、天正四年（一五七六）七月の大坂木津川口《きづがわぐち》海戦であった。

このとき、織田信長の軍勢に包囲されて苦しんでいた摂津の石山本願寺を救援した毛利氏は、海上から石山城へ兵糧米を輸送するため六百艘の大輸送船団を三百艘の軍船で護送させた。吉充は因島水軍を率いて毛利警固船団の一翼を担い、得意の火矢戦法により、木津川河口で待ちかまえていた織田水軍三百艘を焼き払った。

これによって毛利水軍は、船上に井楼《せいろう》を構えた大安宅船《おおあたけぶね》数艘を中核とする織田艦隊を全滅させ、安芸・備後から輸送してきた兵糧米十万石を石山本願寺へ搬入することに成功した。

村上吉充の弟亮康が守った大可島（広島県福山市）

毛利水軍の一翼を担った弟亮康

天文十三年七月三日付で大内義隆から備後鞆ノ浦で十八貫の地を与えられた村上新蔵人吉充の名代として、鞆ノ津大可《たいが》島《しま》城に拠り、備後灘の守備に任じられたのが吉充の弟亮康《すけやす》である。

亮康は大内氏の備後神辺《かんなべ》城攻略に中核となって戦った毛利軍の一翼を担って使命を果たしたが、その後天正四年二月、信長に追放されて紀州和歌山に蟄居《ちっきょ》していた十五代足利将軍義昭《よしあき》が毛利氏を頼って鞆ノ津へやって来ると、これを迎えて警護に任じた。

その年七月、亮康は義昭の命を受け、備後の豪族有地《あるじ》氏などとともに毛利氏の石山本願寺救援輸送船団に加わり、大坂木津川口海戦で手柄を立てたので、毛利輝元から太刀一腰と銀子《ぎんす》五枚を恩賞として授与された。また義昭からは天正五年七月七日付で摂津の尼崎《あまがさき》で知行を与えられている。

天正四年に伊予宇和島の領主西園寺《さいおんじ》宣久《のぶひさ》が、伊勢参宮の途中鞆ノ津へ寄港したとき、大可島城の亮康のところへ挨拶に行ったことが記録されている。そのため、亮康は一行を護衛して備前の日比《ひび》まで見送り、さらに牛窓《うしまど》まで同船したことが宣久の紀行文に記されているので、亮康が備後のみならず、備中・備前の海域にまで勢力を伸ばしていたことがわかる。

因島村上氏六代の当主であった吉充には男子がいなかったので、弟亮康の長男景康《かげやす》を養子としたが、この景康は天正十五年に秀吉の九州征伐で毛利氏に従軍したとき、日向で病死した。そこで今度は三男の吉亮《よしすけ》を嗣子とした。これが因島村上氏七代の新左衛門吉亮である。

吉亮は、小早川水軍の提督浦宗勝の娘を妻としたが、慶長元年（一五九六）七

吉充が余崎城から移って本城とした青木城跡（広島県尾道市）

月二十七日に病死した。法名を「月山浄円」といい、因島中庄の金蓮寺《こんれんじ》に葬られた。金蓮寺の墓地に数多くある村上水軍の武将の墓塔のうち、誰の墓かわかっているのは、この吉亮の法篋印塔《ほうきょういんとう》だけである。

因島村上水軍家の終焉

豊臣秀吉が天正十六年七月八日に発布した海賊禁止令によって、因島村上氏も海上での稼ぎを奪われたが、吉充と吉亮は小早川隆景の支配下で因島や向島を領有し、亮康も鞆ノ浦で知行を得ていたので、なお勢力は衰えなかった。この一族を備後から退去させたのは、ほかならぬ慶長五年の関ヶ原の役であった。

このとき因島村上氏は西軍の総帥毛利輝元の命を受けて伊予国和気郡《わけ》三津浜《みつがはま》に上陸して能島村上氏とともに東軍方加藤嘉明《よしあき》の居城松前《まさき》城を攻略することになった。吉充は家督を譲った七代の吉亮が病死し、その嗣子又三郎鍋松（新左衛門元充《もとみつ》）も幼年であったから、弟の八郎右衛門吉忠《よしただ》をその名代として出陣させた。

吉忠は因島村上氏の一族郎党を率いて、能島村上氏の統領掃部頭《かもんのかみ》元吉《もとよし》の指揮下に入り、三津浜に布陣して関ヶ原出陣中の加藤嘉明の居城松前城を包囲した。

戦いは包囲軍が圧倒的に優勢で、もはや落城は目前と思われたが、このとき松前城代の佃次郎兵衛十成は奇計を用いて城兵を農民に変装させ、寄せ手の陣地に送り込んで、村上水軍の将兵を酒肴をもって酔いつぶした。そのあと佃十成は敵の陣地に夜襲をかけたので、村上水軍の陸戦隊は全滅に近い大打撃を受けた。そのため能島村上氏の統領元吉は大勢の部下とともに討死し、因島村上氏の吉忠もまた、家来とともに慶長五年九月十六日に戦死した。

金蓮寺の村上水軍墓地（尾道市）

西軍の総師毛利輝元は、大坂城にあって出陣はしなかったが、このような出来事が家康の耳に入ったので、東軍方に通じた吉川広家の裏工作にもかかわらず、罪を問われて安芸・備後・出雲《いずも》・石見・隠岐の各国と備中・伯耆《ほうき》の各半国を召し上げられたので、因島村上氏も備後から

退去しなければならなくなった。

吉充は八代の元充を連れて毛利輝元に従い、長門へ移って豊浦郡の矢田間《やだま》（豊北町矢玉）で二千八百石を賜ったが、以前の領地の二十分の一にすぎなかったため、家臣たちは四散した。そのため吉充は怏々《おうおう》として楽しまず、これを返上して因島に帰り、そこで死去し、金蓮寺に葬られた（『村上宗太郎文書』『因島村上源氏家譜』）。

吉充は三津浜で戦死した吉忠の子吉国《よしくに》を自分の養子にしたが、この吉国は義光と名乗って慶長十三年に伊予国越智郡大島の余所国《よそくに》へ移住し、さらに越智郡亀岡村（菊間町）の佐方へ永住した。菩提寺は佐方の長本寺である。

一方、因島村上氏八代の元充は、周防国三田尻《みたじり》に永住して毛利氏の船手組番頭《ばんがしら》となり、代々世襲して幕末維新に至る。菩提寺は佐波郡牟礼《むれ》村（防府市牟礼）の雲岩寺で、現在の極楽寺である。

海を追われた海賊たち

村上一族のその後

関ヶ原の決戦を制した徳川氏のもと、日本がひとつに統合される。敗軍となった三島村上氏は、必死に生き残る道を模索した。

福川一徳（戦国史研究家）

伊予三津浜—もう一つの関ヶ原

関ヶ原の戦いは村上一族にとって大きな転機となった。毛利輝元は石田三成の要請を容れ、西軍の総大将として大坂城西の丸に入った。戦いの主戦場は東海地方にあったが、その他の地方でも多くの東西合戦が戦われた。その一つが伊予三《み》津浜《つがはま》合戦である。

慶長五年（一六〇〇）九月、村上武吉《たけよし》の子景親《かげちか》は小早川秀秋に属し、伏見城・大津城・安濃津《あのつ》城を攻め、安濃津城の戦いでは一番乗りを果たしたという。東軍の勝利後、輝元は責任を問われないとの条件で、大坂城を出

村上元吉らが上陸した三津浜（愛媛県松山市）

て木津の毛利屋敷に入った。景親はいち早く木津に駆けつけ、輝元の警固に当たった。

他方、安芸の竹原に残っていた武吉・元吉《もとよし》父子は、輝元の命で宍戸《ししど》・曽根《そね》らとともに伊予の加藤嘉《よし》明《あき》を攻めることになった。九月十四日、興居島《ごごしま》に上陸し、十六日に三津浜に陣を張ると松前《まさき》城に使いを遣り、開城を説いた。加藤方では「明日下城する」といつわり、その夜三津浜に夜討ちをかけた。油断していた毛利方は善戦したが、元吉以下の大将分を討たれ、荏原《えばら》古城に逃れ、のち三津浜に出て、二十一日、竹原に帰った。撤退行には来島水軍の援助があったという。この戦いには因島村上氏も参加しており、備中守吉充《よしみつ》の弟吉忠《よしただ》以下おもだった者が戦死した。

能島水軍の再編

関ヶ原の敗北により、毛利氏は防長二ヵ国に減封され、毛利家中では減俸・賜《し》暇《か》となる者が相次ぎ、多くの家臣たちが毛利家を去っていった。能島村上家では、武吉父子合わせて二万石近い知行がわずか屋代島《やしろじま》内千五百石に減らされた。

しかも五百石は広島への年貢返還のため鎌留《かまどめ》（年貢徴収禁止）

戦死した村上元吉主従の墓（広島県竹原市）

となった。そのうえ、給領となった和田や伊保田では新領主入部による大きな負担に耐えられず、住民の大半が逃亡する有様であった。

有力な一族村上景《かげ》広《ひろ》が豊前中津の細川忠興《ただおき》に一万石をもって招かれた。ほどなく能島村上氏の家老東吉種も奔《はし》った。景親にも近隣大名から誘いがかかったが、毛利氏に引き留められ、千五百石を与えられて別家を立てた。

屋代島の村上氏は二家が相並び、元吉の子元武《もとたけ》流は屋代・伊保田村などを領して屋代に田屋を置き、「大村上」と呼ばれ、景親流は和田・小泊村などを領して和田に田屋を構えた。毛利家では武吉・景親までが退去しては如何《いかが》かと領内を鎌留とし、横目《よこめ》を置いて船の出入りまで改めたという。

知行高の大幅減少により、村上家では家臣団の再編成を余儀なくされた。家臣らに、兄弟の多い者は一人を召し抱える、所縁のある者はそれを頼って引っ越すよう命じた。

しかし、なかには主人の許可を得ず、主家を去る者もあった。大身の村上四兵衛は安宅船に武具・馬具を積み込み、縁者三十人とともに安下《あげ》庄を出港し、伊予の加藤家に仕官した。四兵衛は千石、組下はそれぞれ百石を与えられ、風早《かざはや》能島町に住んだ。正月、松前城へ御礼言上し、帰りに正体なきまで大酒盛りした末、船を転覆させ、全員死亡したが、「不忠筋ゆえ」と御家再興は成されなかったという。

毛利氏の御船手組

　毛利氏の御船手組は海上警固、船舶管理など海上交通に関する業務を所管した。古くは「海賊衆」と呼ばれ、長崎、沓屋《くつや》氏などの七組があったが、慶長十六年から「御船手組」と呼ばれるようになった。関ヶ原合戦後に再編成が行われて長崎氏が失脚し、慶長六年に浦景継《うらかげつぐ》が組頭を命ぜられた。はじめ藩の船倉《ふねぐら》は下松《くだまつ》にあったが、慶長十六年以降は三田尻《みたじり》に置かれ、同時に御船手組に属する者も同地に屋敷を与えられ、常住することになった。

　寛永年間（一六二四〜四四）、御船手組は浦、両村上の三組あったが、寛文九年（一六六九）に浦氏が萩出仕を命ぜられて以後、幕末まで両村上家が支配することになった。組頭は家老に次ぐ家格、寄組《よりぐみ》同格の待遇、組子《くみこ》は大組《おおぐみ》（馬廻組）と同格で四十〜五百石を知行し、給領は大島郡・熊手郡の沿海部に与えられた。元文年間（一七三六〜四〇）、村上図書《ずしょ》組（元武《もとたけ》流）には十六人、一学《いちがく》組（景親《かげちか》流）には十四人が属していた。ほかに船頭四十人、御手舸子《おてかこ》二百十七人、平群舸子百二

毛利氏に仕えた村上氏が常住した御船手屋敷跡

三田尻にある御船倉跡（山口県防府市）

村上吉充父子が蟄居した弓削島にある弓削神社（愛媛県上島町）

十五人が付属していた。

能島の部下となった因島村上氏

関ヶ原合戦後、備中守吉充・吉国父子は備後の鞆《とも》城を出て、毛利氏に従い長州に移った。長州矢田間に所領を与えられたが、大幅減少のため家臣らは困窮し、多くの家臣が因島に残り帰農した。しかし、吉充は存念があり、領地を返上して備後に帰ると、弓削島《ゆげじま》に蟄居した。

その後、加藤嘉明《よしあき》に招かれ、慶長十三年に越智大島余所国に移った。このとき随従の家臣はわずか五十五人であった。

慶長十五年、伊予の佐方保に移り、家臣三十六人が加藤家に出仕し、屋敷地を与えられた。吉充自身は仕官せず、佐方で余生を送り、この地で没した。

吉充の孫元充は周防に移り、大島郡内に領地を与えられた。御船手組頭七人の一人として、三田尻《みたじり》御船手屋敷に住んだ。しかし享保年間（一七一六〜三五）頃には因島村上氏は村上図書《ずしょ》（元武流）の組下に組み入れられ、四百石を食《は》む組子《くみこ》の一人となっていた。

九死に一生を得た来島氏

東西対決の当時、来島康親《やすちか》は大坂方として淀川の河口で在番していた。一方、叔父彦右衛門は一船隊を率いて伊勢へ攻め下り、九鬼《くき》城や福島城を落とし、首実検を行ったという。ところが、大勝した東軍は大坂にも進出し、毛利輝元をその下屋敷に押し込め、来島屋敷にも二度攻め寄せてきた。このため大林太兵衛は親類の福島家に駆け込み、その旗指物を二本借り受け、一本を屋敷門前に立てて東軍の乱入を防ぎ、もう一本を田坂長助に託して伊勢の彦右衛門に届けた。来島軍はこれを船首に立て、無事大坂に戻ってきた。

康親は義父福島正則と密々談合したが、「ひとまず伊予に引き上げ、時機を待て」とのことであった。そのうち、屋敷内の家臣らはほとんど逃げ去り、康親のもとに残ったのはわずか十余人となった。大林太兵衛が資金を作り、来島主従は伏見に隠れ住み、世間の風説を探るうち、佐和山城主の井伊直政《いいなおまさ》にとりなしを頼んだが、体よく追い払われた。

その後、数ヵ月を経て、出入りの町人のつてで本多正信《ほんだまさのぶ》に御家再興を運動した結果、慶長六年五月、豊後国に国替えとされ、一万四千石を下されることになった。正信の手引きで家康に御礼言上を無事果たし、主従喜び合ったという。のちに福島正則《まさのり》が改易されたため、来島家ではこれを憚《はばか》ってあまり公言はしないが、来島家再興の陰には東軍勝利の功労者であった正則のとりなしがあったことは間違いなかろう。

久留島氏の居城、角牟礼山城跡（大分県玖珠町）

玖珠入部と改名

御家再興は成ったものの、来島氏に与えられた領地は豊後国内の山間地にあった。慶長六年九月の知行目録によれば、日田《ひた》郡内三千八百石余、玖珠《くす》郡内八千百六十五石余、速見《はやみ》郡内二千三十二石余の計一万四千石が伊予の替え地として与えられた。

康親は玖珠郡森への入部に先立ち、浅川六助を総奉行に任じ、領地の受け取りや、陣屋と城下町の建設に当たらせた。また高田勘兵衛・二神長右衛門を家老に任じ、藩体制の整備に着手した。康親自

角牟礼山城の麓に築かれた久留島氏陣屋跡

森城下の安楽寺に建つ久留島氏歴代藩主の墓

身は大林太兵衛とともに福島正則のもとに行き、各地に散った譜代家臣たちを呼び戻し、入国の準備を整えた。こうして九月、来島氏は主従そろって豊後の森に入部した。このとき随従した家臣は三十人ほどであった。

入国当初、康親は角牟礼城に住んでいた。陣屋と城下町が完成したのは、二代通春《みちはる》の時代の、元和元年（一六一五）あるいは三年頃という。元和二年、通春は「久留島《くるしま》」と改名した。陸の領主として生きる決心をしたのであろう。

島原の乱後の一国一城再令により、通春は早々に角牟礼城を破却したが、間違いとわかり、復元に努めたが、果たせなかった。三代通清《みちきよ》は城の再建を老中酒井《さかい》忠清《ただきよ》を介して願い出たが、酒井の失脚で沙汰やみとなった。こののちも久留島氏は城持ち大名をめざして、果たせぬ夢を追いつづけた。

速見郡辻間村は日出《ひじ》藩との間で二分され、森藩領辻間村に森藩の外港頭成《かしらなり》があった。久留島氏はこの地に町奉行と代官を置き、参勤交代の御召船を係留し、船手組を常駐させた。頭成は必要物資の搬入・積み出し港として栄え、江戸中期には五百軒の町家があったという。

森藩は当初から財政不如意《ふにょい》に苦しみ、たびたび改革に取り組んだ。文政六年（一八二三）には、船手組の者が草履《ぞうり》取りや六尺《ろくしゃく》（乗り物を担ぐ人足《じんそく》）などの兼務を命じられたが、「一本差し」（格下）の奉公だと拒否し、船手組の解散と全員辞職で抵抗したという。

三島村上水軍
徹底史跡ガイド

森本　繁
●実証歴史作家

広島
広島県
岡山県
井原
岡山
倉敷
33
32
竹原
三原
尾道
福山
29
笠岡
28
呉
向島
65
31
66
水島灘
30
玉野
宇野
下蒲刈島
上蒲刈島
大崎上島
生口島
因島
北木島
倉橋島
大三島
岩城島
弓削島
備後灘
塩飽本島
広島
直島
豊島
大崎下島
伯方島
瀬戸内海
瀬戸内しまなみ海道
大島
波方
来島海峡
236ページに掲載
205ページに掲載
39
71
丸亀
坂出
高松
中島
43
40
42
今治
興居島
41
70
燧灘
観音寺
香川県
21
22
松山
西条
新居浜
愛媛県
高知県

新下関
山口
新山口
宇部
防府
72
27
山口県
厳島
西能美島
東能美島
岩国
安芸灘
柳井
周防灘
福岡県
26 屋代島
24 25
長島 23
平郡島
大分県
48
49
伊予灘
別府
別府湾
大分
八幡浜
豊後水道
宇和島

能島村上氏

愛媛県

❶能島《のしま》城跡（今治市宮窪町宮窪）

大島と伯方《はかた》島の中間にある鵜島《うしま》と荒神《こうじん》瀬戸をへだてた小島が能島である。標高三一メートル、面積約二・五ヘクタールの三角形に近い島で、属島に鯛崎島《たいざきじま》がある。南北朝時代から戦国期にかけて能島村上氏が本拠を置いた典型的な水軍城跡である。

能島と対岸の大島との間が宮窪《みやくぼ》瀬戸で、荒神瀬戸と並び、干満の二合目と八合目くらいに潮流が矢のように速くなる。その潮流に逆らって帆船《はんせん》や櫓《ろ》漕《こ》ぎ船を遣《や》ることはきわめて困難なため、その間に位置する能島は天然の要害を備えた城塞であった。しかも、安芸と伊予の沖乗り航路の中央に位置していたので、来島海峡と並び、重要な水路となっていた。

能島は、江戸時代以降は無人島となったため、城塞の遺構が保存されており、本丸・二の丸・三の丸・出丸などの跡がよく残っている。島の周囲の岩礁には約三四〇個にものぼる柱立穴が開けられて

能島城跡から望む鯛崎島

あり、これは関船《せきぶね》や小早《こばや》を繋留する桟橋の支柱を立てた跡と思われる。属島の鯛崎島とは橋を架けて連絡したようで、鯛崎島の岩礁にも約一二〇個の柱立穴が残っている。また、頂上には東西約二二メートル、南北約五〇メートルの削平地がある。

城跡から発掘された遺物の炭塊・焼米の塊、軽石・銅製の門扉乳金具、碁石・鋳銭・陶器・鉱石・金屎《かなくそ》・鉄鏃《てつぞく》・鉛延棒・炮録《ほうろく》破片などは現在、宮窪町の村上水軍博物館に展示されている。昭和二十八年（一九五三）に国の史跡に指定され、桜の名勝地として国立公園指定区域でもある。

南の出鼻にて「天目一箇神」という鍛冶《かぬち》の神が祀られ、出土物に金屎があるところから、鉄工所もあったことがわかる。砂浜から発見された明国の銅銭や陶器およびギヤマンは村上水軍の海外貿易あるいは倭寇《わこう》の史実を裏付け、興味がつきない。この能島城の用水井戸は対岸の宮窪町中村にあり、「中村の水場」と呼ばれている。

❷コウガ屋敷跡（宮窪町宮窪）

中村の水場跡から宮窪の町中に入り、右折して瀬道《せみち》へ行くと、そこに「コウガ（幸賀）屋敷跡」がある。宮窪町が作成した史跡案内

コウガ屋敷跡

板によると、「ここは宮窪の中央に位置し、この台地のすぐ下までが海で、前面の能島を指呼《しこ》の間にのぞみ、戸代鼻《とだいはな》の古波止や岡の山の狼煙場《のろしば》と連絡するのに好都合な場所であった」という。屋敷跡には「いたい川」と呼ばれる共同井戸があって、能島村上水軍の将士たちが飲料水として利用していたといわれる。

屋敷跡から背後のカイレ山（標高二〇三メートル）に向かって登ると、途中に菅原池《すがわらいけ》という溜池《ためいけ》があり、南側の池畔に村上水軍の城郭があったと伝えられている。町の人々はこの付近を「お城山」と呼んでいるから、もとはここに能島村上氏の居城（宮窪城）があり、コウガ屋敷はその「お土居」であったことがわかる。

❸鵜島《うしま》（宮窪町鵜島）

西の宮窪瀬戸と東の船折瀬戸《ふなおりのせと》を画する小島で、ここにも能島村上水軍の水場があった。水場の井戸が滾々《こんこん》としてつきない清水をたたえているこの地は、源右衛門という船奉行の屋敷跡で、この島の小浜というところに能島付属の造船場があったといわれている。屋敷跡を源右衛門屋敷と呼び、小浜と荒神瀬戸との間の岬を「源右衛門鼻」と呼んでいる。

「お城山」と呼ばれる宮窪城跡

能島水軍の水場があった鵜島

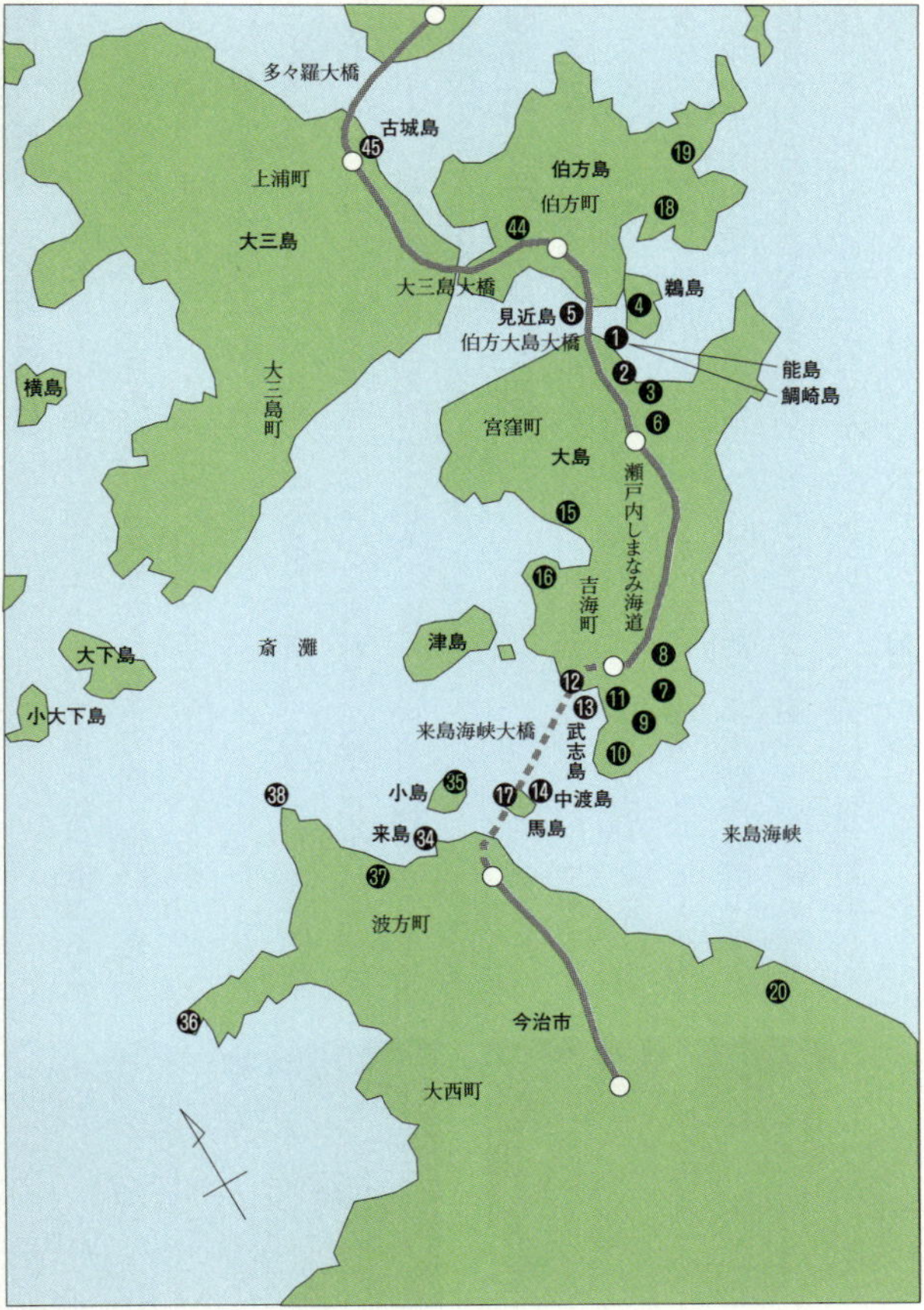
多々羅大橋
古城島
45
上浦町
大三島
伯方島
19
伯方町
18
44
大三島大橋
鵜島
4
見近島 5
1
伯方大島大橋
能島
2
3
鯛崎島
6
横島
大三島町
宮窪町
大島
瀬戸内しまなみ海道
15
16
吉海町
津島
8
斎灘
大下島
12
7
11
小大下島
13
9
来島海峡大橋
武志島
10
38
小島
35
17
14
中渡島
来島
34
馬島
来島海峡
37
波方町
20
36
今治市
大西町

能島・来島付近図

❹見近《みちか》城跡 （宮窪町見近島）

大島と伯方島《はかたじま》に挟まれた幅三〇〇メートルの水道を船折瀬戸あるいは有津《あろうづ》瀬戸といい、その瀬戸を東南から北東方向に進むと見近島がある。現在は伯方・大島大橋の橋脚台《きょうきゃくだい》となっているが、ここにも村上水軍の城郭があった。

北側の東寄りに矢竹の大群生が見られ、南方一帯には石垣が構築され、北西部にも石垣や石積みの跡が見られる。島の頂上は削平されており、城郭として利用されていたことがわかる。城跡から多量の中国陶磁が出土している。

❺証明寺《しょうみょうじ》跡 （宮窪町大窪）

宮窪町から吉海町の下田水《したたみ》へ通うバスを大窪というバス停で下車すると、すぐ前の丘の上に証明寺跡がある。今は島四国霊場第十番札所切幡寺《きりはたじ》拝所の境内となっているが、そこに総高一九二センチの立派な宝篋印塔《ほうきょういんとう》が立っている。そばに「三島水軍総帥能島村上家菩提寺跡」という碑が建てられ、もとここには証明寺という能島村上水軍家の菩提寺があったことを示している。宝篋印塔は室町時代の様式を備えているが、付近にも数多くの五輪塔の残欠が見られる。

見近城跡

証明寺にある宝篋印塔

❻隈獄城跡《くまがたけ》（今治市吉海町亀老山）

前期村上水軍の本城として有名で、標高約三〇〇メートルの亀老《きろう》山《ざん》にある。山頂に約二五〇メートルにわたって段階状の郭《くるわ》が連なり、その延長は数百メートルにおよぶといわれる。城の形態や縄張りは南北朝時代までのもので、室町・戦国期の水軍城としてはまったく機能しなかったと思われる。この亀老山中腹の東の一郭に村上義弘の墓と伝えられる宝篋印塔があり、現在は側《そば》に島四国三十四番札所の妙法堂が建てられている、

❼高龍寺《こうりゅうじ》（吉海町名）

高龍寺は越智大島の亀老山麓にある真言宗御室《みむろ》派の寺院で、村上水軍家歴代の菩提寺である。山門の前に「贈正五位村上義弘公菩提寺　高龍寺」と刻まれた大きな御影石《みかげいし》の標柱が立つ。

推古天皇四年（五九六）、僧恵総《えそう》の開創と伝えられ、承暦四年（一〇八〇）に前期村上水軍家の始祖村上筑前守仲宗《なかむね》が定海《じょうかい》大僧正を中興開山として再建した。境内に村上水軍家歴代の墓が並んでいるが、山門前の標柱に刻まれた村上義弘の墓は、亀老山中腹の別の場所にある。

高龍寺にある村上水軍家歴代の墓

隅嶽城跡

高龍寺は、養和元年（一一八一）と天正元年（一五七三）に火災で焼失したが、天正十二年に能島村上氏の武吉《たけよし》によって再建されたと伝えられている。したがって、この寺の名称は龍慶寺、宗豪寺、豪龍寺、高龍寺としばしば変遷している。

❽村上義弘の墓所（吉海町名）

前期村上水軍家の掉尾《とうび》を飾る海賊大将村上義弘の墓所は、亀老山中腹の島四国霊場第三十四番札所妙法堂（土佐種間寺《たねまでら》拝所）の境内にある。完型ではないが、立派な宝篋印塔で、境内の案内板には「後《ご》醍醐《だいご》天皇の建武中興に際して帝に奉仕し、その後も征西将軍宮懐良《かねよし》親王に協力して南朝のために尽力した大忠臣」と書かれている。

もと高龍寺の前身である宗豪寺境内に祀られていたが、宗豪寺の荒廃にともない、崖崩れで墓は谷間に転落した。その残欠を拾い集め、安政四年（一八五七）五月吉日に願主本庄村毛利暉良が施主桜井村の村上氏と協力して再建したのがこの墓塔である。

村上義弘の墓塔

❾伝北畠顕成《きたばたけあきなり》の供養塔（吉海町名）

大島の吉海町亀老山《きろうざん》の山麓には、もう一つ室町時代の様式をもつ立派な宝篋印塔がある。能島村上氏の初代、村上山城守義顕《よしあき》の供養塔と思われるが、塔身には「北畠卿源顕成御神廟」と刻まれているとのこと。もと武《む》志《し》島《じま》の長顕寺境内にあったものをここに移したそうである。

亀老山隈嶽《くまがだけ》本城の西南麓にあたり、能島村上氏の居館があった場所で、のちに村上神社の境内となった。来島海峡の武志島と中渡《なかと》島《じま》にあった城砦へ飲料水を供給するための大井戸があったので、ここが初期村上水軍家の本拠であったことは疑いないであろう。

⑩下田水《したたみ》の水場（吉海町名）

隈嶽城跡のある亀老山西麓に、来島海峡の武志・中渡両城へ水を供給したと伝える水場がある。「下田水の水場井戸」と呼ばれ、直径二メートルの石積みだが、水量は豊富。水場の南の丘に駆塞場《くそくば》跡があり、のちに村上神社が祀られた。

⑪姫内《ひない》城跡（吉海町椋名）

亀老山麓の尾根が北西に向けて突出した火（姫）内半島の突端にあり、海抜四二メートルの尾根の頂上に三筋の直線連結型の郭が走っている。眼前に来島海峡に武志島を指呼《しこ》の間《かん》にのぞむことができ、この武志島とその向こうの中渡島と連携しながら海関の役割を

姫内城跡

果たしていたものと思われる。南側の臥間《ふすま》との間に船溜りがあり、当時の船隠しといわれている。隣接して造船所跡がある。

⓬武志《むし》城跡（吉海町椋名）

来島海峡は、南東の燧灘《ひうちなだ》と北西の関前灘《せきぜんなだ》・斎灘《いつきなだ》を結ぶ水道で、武志島と中渡島の東を流れる水道を「足摺《あしずり》の瀬戸」（東水道）、中渡島と馬島の間を流れる水道を「八幡《はちまん》の瀬戸」（中水道）、馬島の西を流れる水道を「鴻《こう》の瀬《せ》の瀬戸」（西水道）と呼んでいる。いわゆる「来島の瀬戸」は、小島と来島の間を流れる水道のことである。

その東水道に位置する武志島は標高五五メートル、東西約七〇〇メートルの小島で、「務司」とも表示される。中水道の中渡島と並ぶ能島村上氏の水軍城があったところで、往時の石塁の一部と井戸が残存している。姫内城の枝城であったと推定される。

⓭中渡城跡（吉海町椋名）

来島海峡の中水道に位置する標高六四メートル、東西約二八〇メートルの小島で、「中途・鳴可図」とも表示される。この島にも武志城と並ぶ重要な水軍城があったが、現在は潮流観測所・灯台・職員官舎や電力会社の施設があって島の形を変えているので、往時のよ

武志城跡

すがをしのぶすべもない。この城も姫内城の枝城と推定される。

⑭亀田《かめだ》城跡・原《はら》城跡（吉海町福田・仁江）

亀田城跡は仁江《にえ》川河口近くの丘陵にある南北朝以降の城塞跡で、旧仁江村糯田《もちだ》の上所《うわどころ》にあった原城跡とともに隈嶽城の枝城であったと推定される。『佐方村上由緒書《ゆいしょがき》』によると、亀田城には因島村上氏の義光《よしみつ》が慶長十五年（一六一〇）に佐方へ隠棲するまで、ここに居所を置いていたと伝えられている。城跡はなかば破壊されているが、東側からの登り口に宝篋印塔が一基ある。

原城跡は南北朝期の築城様式を残した遺構で、原八幡神社が祀られているが、これは武志城主村上頼員《よりかず》が天福元年（一二三三）に勧請《かんじょう》したと伝えている。また原大将軍宮に尊良《たかよし》・満良《みつよし》・懐良《かねよし》三親王を祀り、奥の将軍宮には新田義宗《にったよしむね》と脇屋義治《わきやよしはる》を祀っている。

⑮津倉《つくら》の古城跡（吉海町本庄）

大島の津倉湾に突出した丘陵松浦浜には南北朝期の築城形式を残す古城跡があり、矢倉・御城池・善願堂などの地名を残している。醍醐寺《だいごじ》領大島庄の中心地域と推定され、武家屋敷の跡も見られる。

亀田城跡

⑯馬島《うましま》城跡（今治市馬島）

来島海峡西水道に位置する馬島にも小規模ながら直線連郭型の城跡が見られ、水軍城があったと推定できる。島の最高部に城の台があったと思われるが、送電線鉄塔が建てられ、遺構は破壊されている。この島の中渡島に面した海岸に、船倉跡と水場井戸が残っている。

⑰禅興寺《ぜんこうじ》（今治市伯方町木浦）

伊予の越智大島と船折《ふなおりの》瀬戸《せと》をへだてた東にある伯方島の木浦に瑞松山禅興寺という曹洞宗の寺院がある。この寺は能島村上氏の二代村上山城守雅房《まさふさ》の菩提寺で、山門下の墓所は大深山と呼ばれている。その大深山《おおみやま》の大楠《おおぐす》が雅房夫妻の墓標といわれ、標樹の前に新しい五輪塔（瑞松院殿家翁良栄大居士、瑞雲院殿繁室貞昌大姉）が祀られている。『伯方町誌』には、雅房は「能島村上氏初代」と書かれているが、雅房は因島村上氏二代の吉資《よしすけ》や来島村上氏二代の吉元《よしもと》と同世代の人物と実証できるので、「能島村上氏二代」というのが正しい。

馬島城跡

⑱木浦《きのうら》城跡（伯方町木浦）

木浦港の北岸、標高九六メートルの岩ヶ峰山頂に構築された連郭式の山城跡。山頂部の本壇から御前曲輪《ごぜんくるわ》にかけてところどころに石積みが見られ、武者走りや空堀があって水軍城と推定できるが、その来歴はわからない。しかし、近くの大深山に能島村上氏の館跡、能島村上氏第二代の山城守雅房の墓があるので、能島村上氏の居城跡と考えられる。

⑲国分山《こくぶさん》城跡（今治市国分）

桜井の国分山にある城跡で、国府城あるいは唐子山《からこやま》城ともいう。『河野分限録』によると、能島村上氏の大和守武吉《たけよし》が支配した山城で、天正十五年（一五八七）に福島正則《まさのり》が入城するまで、能島村上氏が越智郡内陸部へ進出するための拠点としていたことがわかる。しかし、能島村上氏がこの国分山に城を築いたのは決して古い時期ではなく、武吉が毛利氏と対立していた元亀二年（一五七一）から天正二年にかけてで、これを補強したのが天正十三年のことであった。城跡には築城当時のものと思われる石垣がわずかに残っている。

国分山城

⑳新居《にい》大島《おおしま》城跡（新居浜市大島）

標高五一メートルの山頂が正方形に削平され、周囲に石垣と郭跡が残存し、城の尾とか武者洗《むしゃらし》という地名も残っているので、大規模な城郭があったと推定できる。海上に突出した尾根の南端は空堀によって仕切られた出丸で、城の端と呼ばれる。村上義弘が居住した前期村上水軍の城砦で、その後能島村上氏が支配した。

㉑古三津《ふるみつ》の古戦場跡（松山市古三津）

慶長五年（一六〇〇）九月に関ヶ原の役が始まると、能島村上氏の景親《かげちか》は水軍部隊を率いて上方《かみがた》へ出陣し、備中笠岡《かさおか》の城主村上景広《かげひろ》らとともに伊勢・尾張の海戦でめざましい戦果をあげたが、兄の元吉は伊予の松前《まさき》城（愛媛県伊予郡松前町）の攻略に向かって敗れ、古三津の刈屋《かりや》口で戦死した。

慶長五年九月十六日、村上掃部頭元吉《もとよし》は、毛利輝元の家臣宍戸《ししど》・桂《かつら》・木梨《きなし》の各将および因島村上氏の吉忠《よしただ》（六代吉充《よしみつ》の弟で、八代元《もと》充《みつ》の名代）とともに伊予の三津浜《みつがはま》に上陸し、旧大洲《おおず》内子《うちこ》城主曽根《そね》孫左衛門の手引きで東軍方の松前城を攻めた。当夜は古三津の刈屋口に宿営し、農民たちが陣中見舞に献上した酒で前祝いの宴をひらい

新居大島城跡

村上水軍が上陸した三津浜

たが、密かに間道から押し寄せた城兵たちの夜襲を受けて、おもだつ部将とともに討死した。生き残った毛利軍将兵は総大将の宍戸善左衛門に率いられて河野家の遺臣平岡善兵衛が守備する久米の如来《にょらい》院に立て籠もったが、間もなく関ヶ原の敗戦を聞き、北条の風早《かざはや》浦から安芸へ逃げ帰った。

今も古三津の古戦場付近を歩くと、畑の片隅などに戦死した将士を祀った小祠が、あちこちに散在している。

山口県

㉒周防上関《かみのせき》城跡（熊毛郡上関町）

上関は中世、内海交通の要衝であった。古くから多くの船舶がこの瀬戸を行き交い、かつては「竈戸関《かまどのせき》」と呼ばれて賑わった。

現在の上関町は商港としての機能を失い、港に停泊している船舶はすべて小さな漁船だが、町並みの西北端に城山と呼ばれる小高い丘があり、登ってみると、中世の城郭跡だということがわかる。中世文書にあらわれる上関城である。

城山の南麓にある小社、天満宮の常夜灯に刻まれた銘文による

周防上関城跡

と、この城は「足利氏の時、海上将軍村上義顕《よしあき》居城を築く。遺第三子阿波守吉敏《よしとし》之を守り、その子対馬守武満《たけみつ》継いで守る」とある。能島村上氏の初代山城守義顕がこの竈戸関に城砦を築き、三男の吉敏がこれを守備していたが、その子対馬守武満がそのあとを継承したというのである。すなわち、能島村上氏の居城で、山城守義顕の庶系の子孫がこの関所を守備し、航行する船舶から関銭を徴収していたことがわかる。三代武満の名は、『佐甲《さこう》家文書』の天正二年（一五七四）十一月三日付佐甲藤太郎宛て文書によって確認できる。

㉓元正寺《げんしょうじ》（大島郡周防大島町内入）

伊予古三津刈屋口の戦いで嫡子元吉を失った村上武吉は、傷心の身を関ヶ原敗戦後、防長に左遷された毛利氏に従って周防大島（屋代島）へ運んだ。元吉の遺児で六歳になったばかりの元武《もとたけ》を連れて竹原港から周防長島の上関へ渡り、慶長五年（一六〇〇）の年の瀬を深浦で過ごし、翌慶長六年の正月、屋代島の小泊《こどまり》港に上陸した。

屋代島の小泊から山越しに内入《うちのにゅう》に移住した武吉は、そこで三年八ヵ月余の歳月を過ごしたあと、慶長九年八月二十二日、享年七十二歳で他界した。内入の曹洞宗元正寺はその墓所である。法号は「大

元正寺にある村上武吉の墓所

仙寺覚甫元正」で、墓は境内の石垣土塀に囲まれ、土壇の上に建てられた高さ二メートルばかりの宝篋印塔である。

その土塀の外の背後に「心妙院殿華岳正春大姉」と刻まれた武吉の妻の墓がある。この女性は武吉の三度目の妻で、慶長十三年三月二十一日に他界した。

㉔正岩寺《しょうがん》（周防大島町和田）

村上武吉の墓のある内入に隣接して和田という集落があるが、そこに武吉の次男景親《かげちか》の菩提寺、曹洞宗正岩寺がある。もと照岩寺と呼ばれていたが、これは慶長十五年（一六一〇）二月九日に享年五十三歳で没した景親の戒名が「照岩寺殿照岩浄光大居士」だからである。

景親は朝鮮の役で小早川隆景に従軍して抜群の武功を挙げ、凱旋のとき朝鮮の女性を連れ帰って妻としたが、関ヶ原合戦の後、父武吉よりも早く屋代島に移住し、和田に居所をかまえた。景親は先妻とのあいだにもうけた娘を甥の元武《もとたけ》（兄元吉《もとよし》の嫡子）に嫁がせ、本家を後見したが、別に一家を立て、毛利家から千五百石を拝領している。

正岩寺にある村上景親と家臣の墓

景親の墓は正岩寺墓地上段の中央に位置しているが、下段の隅に形の異なる小さな墓が一基あって、これが景親の後妻となった朝鮮女性の墓と伝えられている。

㉕龍心寺《りゅうしんじ》（周防大島町西屋代）

曹洞宗龍心寺は、能島村上氏の嫡流村上元吉の子元武とその子孫の菩提寺である。もと伊予の能島にあった村上家の菩提寺、海印山大龍寺を武吉が屋代島に移したもので、武吉の祖父隆勝の戒名が「大龍寺殿智山元栄大居士」であったところから命名された。龍心寺と改称されたのは明治三年（一八七〇）で、村上一族の墓所は、龍心寺本堂の裏山にある。元武（一洞院傑舟宗英）以下二十五基の墓がコの字形に並び、その中央の自然石の墓が村上武吉の供養塔と伝えられている。

なお、この墓所から少し離れたところに、羽越《はねごえ》村上家の墓がある。羽越村上家は村上武吉の叔父隆重《たかしげ》とその嫡子景広《かげひろ》の末裔の一家である。

龍心寺に安置されている村上一族の位牌

㉖三田尻御船倉《みたじりおふなぐら》跡（防府市警固町）

関ケ原の敗戦によって防長二国に削封された毛利氏は、慶長十六年（一六一一）六月に従来の毛利水軍を廃して、新たに長州藩船手組を組織した。船手組は船手衆、大船頭、中船頭、小船頭によって構成され、最初「海賊衆七組」と呼ばれていたが、慶長十六年六月から「御船手組」と称されるようになった。

長州藩の水軍基地を「船倉」というが、これは最初下松《くだまつ》に設けられ、船手組が組織されると、三田尻に移された。大小の藩船を囲う船倉が設営され、船手組に編入された者たちもここに屋敷を与えられて常住し、警固町を形成した。

現在の防府市にはその当時の警固町の面影はないが、藩主の休息所であった御茶屋敷が御船倉跡の西側に残っている。また船倉のあったところは「三田尻御船倉跡」として、防府市の史跡に指定され、防府市教育委員会と観光協会の手で、つぎのような表示がなされている。

「御船倉は海中に築き出され、堀をもって一郭を成し、そこに藩主御座船《ござぶね》以下の藩船を陸に囲い、あるいは堀に浮かべて、藩主の参勤交替、平時の交通、運漕および不慮の水戦に備えたのである。艦船の新造修理、船具の新調・補修などを行う設備があり、その工場と

三田尻の長州藩水軍御船倉跡

備砲および備品・諸資材の格納庫があった」

能島村上氏は、「大村上」と呼ばれた村上元武の子孫が「図書家《ずしょけ》」と呼ばれ、景親を相続した嫡子元信《もとのぶ》の子孫が「一学家《いちがくけ》」と呼ばれて、ともにこの御船手組の組頭《くみがしら》となった。因島村上氏の新左衛門元充《もとみつ》も組頭格として出仕していたが、のちに格下げとなり、番頭《ばんがしら》となっている。

その他

㉗烏越《とりごえ》城跡（岡山県笠岡市神島）

能島村上氏第五代武吉の叔父隆重《たかしげ》が備中笠岡進出の拠点として築いた水軍城跡で、馬越城ともいう。神島の北東部の標高二五メートルの「かもん」と呼ばれる台地上にあり、「笠岡《かさおか》掃部《かもん》と称された村上隆重の名にちなむ、能島村上氏の海上拠点である。

㉘笠岡《かさおか》城跡（笠岡市笠岡）

標高約七〇メートルの丘陵上にあり、西に笠岡港を俯瞰《ふかん》できるので、一目で水軍城とわかる。村上隆重がここを根城と定めたのは、天文二十年（一五五一）秋から翌二十一年頃にかけてで、その後、間もなく備中へ進出した小早川隆景から、笠岡の旧領主であった陶《すえ》山《やま》氏の所領一千貫を給与されている。『閥閲録《ばつえつろく》』二十二ノ二に隆景から村上少輔太郎に宛てた文書があり、これを裏付けている。

笠岡城が能島村上氏の支配下にあったのは、慶長四年（一五九九）に隆重の嫡子景広がここから退去するまでの約四十八年間である。

㉙本太《もとふと》城跡（倉敷市児島《こじま》塩生《しおなす》・宇頭間《うとうま》）

備前児島の本太城は、能島村上氏が児島の塩生に進出して占拠した水軍城で、在番は能島村上氏の一族島《しま》越前守吉利《よしとし》であった。

島吉利は村上義弘の遺児信清《のぶきよ》の玄孫吉放《よしゆき》を父として生まれたが、村上氏を改めて島姓を称した。彼は能島村上氏の統領武吉に従って武功をあらわし、永禄十一年（一五六八）の児島本太城合戦で来襲した阿波の将香西《こうざい》又五郎を討ち取って軍功を挙げたので、小早川隆景より賞詞と剣および黄金を賜り、その肝煎《きもい》りで、本太城を武吉か

笠岡城跡

本太城跡に残る石垣

ら与えられた。

本太城は児島西端の海に面した塩生という集落の天神ヶ鼻に構築されていたが、築城年代は不明である。永禄十年、毛利氏の備前児島進出により、小早川隆景がこの城を奪って属城とした。

永禄十三年三月十五日付能島村上文書（武吉から島吉利に宛てた文書）によると、能島村上氏はこの本太城のみならず、海の向こうの塩飽島《しわくじま》でも支配権を行使していたことがわかる。

㉚天神山《てんじんやま》城跡（広島県福山市内海《うつみ》町田島）

正長元年（一四二八）に備後の因島村上氏初代村上備中入道吉豊《よしとよ》が備後守護山名時熙《やまなときひろ》から田島地頭職《じとうしき》を与えられて、その子吉則《よしのり》が築いたと伝える水軍城。その後、能島村上氏の隆重が支配し、八郎左衛門景広がこれを継承した。城跡に近い仏徳山常楽院《じょうらくいん》（真言宗）に、景広とその子孫たちのものと伝わる墓がある。

㉛鎮海山《ちんかいさん》城跡（広島県竹原市竹原町貞光）

秀吉は天正十三年（一五八五）の四国征伐が終わると、伊予国の領主に任じた小早川隆景に、麾下の能島村上氏を船折瀬戸の能島および来島海峡の中渡・武志両島から退去させるよう命じた。そこで

鎮海山城跡

隆景は、周防大島の来島氏支配分と安芸の能美島、江田島および今岡氏の領地を代償に能島村上氏を瀬戸内海中央部から退去させた。そこで能島村上父子（武吉と元吉・景親兄弟）は安芸と周防の沿海部に移り、小早川氏の九州転封にともない、筑前冠（加布里《かふり》）、長門大津郡と転々移住した。慶長三年（一五九八）八月の秀吉の死後、安芸竹原に落ち着き、ようやくここに居城を築いた。これが鎮海山城である。

鎮海山は中世港湾として栄えた高崎浦と三津浦の中間に位置し、当時は深い湾に突き出した岬であったようだ。標高九〇メートルの本丸を中心に削平された九つばかりの段丘が見られる。

慶長五年九月十五日、関ヶ原の激突が起こると、能島村上父子は毛利輝元の命令で伊予の三津浜《みつがはま》へ出陣し、東軍方加藤嘉明《よしあき》の居城松前《まさき》城を攻撃した。ところが、留守居の部将加藤内記忠明《ただあき》と家老佃《つくだ》次郎兵衛十成《かずなり》の詭計《きけい》にかかって敗れ、元吉以下の部将が戦死した。元吉に先立たれた父武吉は、孫の元武を連れて、周防大島へ移住し、鎮海山城は廃城となった。

㉜村上元吉主従の墓（竹原町貞光）

古三津刈屋口で戦死した村上元吉と九人の郎党の墓は、安芸竹原の鎮海山中腹にある。敗残した元吉の遺臣たちが建立したもので、不完全な五輪塔がほとんどだが、なかに一基、笠部が欠け、基壇が他の物で代用された宝篋印塔がある。塔身に「慶長五 庚子《かのえね》 実翁宗真居士 九月十六日」と刻まれているので、村上掃部頭元吉の墓とわかる。側《そば》に九人の戒名を刻んだ碑石があり、その没年がすべて慶長五年九月十六日とあるので、この墓塔群が古三津刈屋口で戦死した能島村上家主従の墓と推定できる。なお、元吉の位牌は同じ竹原町の長生寺（能島村上家の旧主河野《こうの》通直《みちなお》の菩提寺）に祀られている。

戦死した村上元吉主従の墓

来島村上氏

愛媛県

㉝来島《くるしま》城跡（今治市来島）

瀬戸内海第一の海の難所来島海峡の要《かなめ》に位置する。周囲およそ八五〇メートル、面積約九ヘクタールの来島全島が城跡となっている。今は波止浜《はしはま》港に面した南岸に人家が密集しているが、昔は島の周囲を石垣でめぐらし、山上を三段に削って本丸・二ノ丸・三ノ丸を設けていた。今も矢竹や古井戸、桟橋跡の柱穴が見られる。とくに北岸一帯は絶壁の下が岩礁になっており、その岩にはおびただしい数の柱穴が残っている。大小さまざまで、なかには一辺が一メートルにおよぶ方形のものもある。

来島海峡は一〇ノットにも達する急潮流のため、操船が困難で、順潮の時は中水道（馬島―中渡島）、逆潮の時は西水道（小島―馬島）を通るという不文律があり、各島の周囲には暗礁や浅瀬が多かった。そうした海の難所を利用して航行中の船舶を捕捉するため、このような要害が設けられた。

来島城跡

三島村上水軍家のうち来島村上氏の初代顕忠《あきただ》（吉房《よしふさ》）が築城し、以後、康親《やすちか》まで六代百六十年間の居城であったといわれるが、南岸の八千矛《やちほこ》神社は文治二年（一一八六）に河野通助《みちすけ》・頼久《よりひさ》父子の創建と伝えているから、それより古くから存在していた居城と考えられる。この神社は来島築城にあたり、その守護神として建立されたといわれているからである。

㉞小島《おしま》城跡（今治市小島）

小島は来島海峡中央に位置し、西側を流れる来島瀬戸をへだてて、来島が見える。

この島には明治三十二年（一八九九）から七年間をかけて大砲十二門と兵舎、火薬庫などが設置され、ロシア海軍の来襲に備える要塞となったが、かつては来島村上氏の水軍城があった。帝国陸軍による要塞化のとき、村上水軍の遺構は破壊されて学術調査のすべがなくなり、その真相はわからないが、記録によると、城砦を支配していたのは今岡治部丞《じぶのじょう》という来島村上氏麾下の部将であったとのことである。

小島城跡

㉟宮崎《みやさき》城砦群跡（今治市波方《なみかた》町）

高縄半島の北端から西に約三キロばかり突出した岬を宮崎と称し、その先端が梶取鼻《かじとりはな》である。この岬周辺の海は宮崎灘とよばれ、潮流が激しく、海の難所であったので、古くから海賊の根城となっていた。『三代実録』貞観九年（八六七）十一月十日の条に、そのことが見える。室町・戦国期にも城砦が築かれ、岬の岩礁に桟橋跡の柱穴が多数残っている。宮崎城が本城で、梶取鼻砦に見張り台があったとされており、それらは来島村上氏の支配下にあったと考えられる。

㊱来島氏居館跡（波方町波方）

来島村上氏第四代通康《みちやす》は、二百七十余騎にもおよぶ多数の家臣団を擁し、来島城が手狭になったため、居館を波方浦《なみかたうら》の本郷に移し、その本館を中核にして周囲の丘陵上に見張り台や枝城を配置したという。これが波方の城で、それ以後、来島城は来島村上氏の詰《つめ》の城になったといわれている。

㊲大角《おおすみ》の砦跡（波方町波方）

前述した来島氏居館跡や宮崎城砦のほか、波方町には数多くの城

宮崎城跡

砦群跡があるが、もう一つ大角鼻にも大角の砦跡がある。これは来島村上家の居館である波方館防衛のための砦で、この砦を中心に小規模な海賊城や見張り台の跡が数多く残されており、今も海岸の岩礁の上には、無数の桟橋の柱穴跡を目にすることができる。

㊳怪島《けしま》城跡（今治市大西町別府怪島）

怪島は別府沖の斎灘《いつきなだ》に浮かぶ面積二・三ヘクタール、標高四二・二メートルの小島である。島全体が矢竹や雑草に被われ、城跡がよく残っている。段階連郭式の水軍城で、空堀・腰郭《こしぐるわ》・桝形《ますがた》が完全な形で保存されており、岩礁上にも柱穴が見られる。この城は来島城の枝城で、河野氏の部将神野《こうの》左馬允《さまのすけ》が守備していたと『河野分限録』に書かれている。天正十三年（一五八五）に小早川隆景の軍勢に攻められ、落城した。

怪島城跡

㊴高仙《こうぜ》城跡（今治市菊間町種東山）

種《たね》川の上流に位置する標高二四八・三メートルの山頂にある。代々、河野家の部将池原氏の居城であったが、天正十三年（一五八五）に河野氏が滅亡すると、来島通総《みちふさ》の所有となった。山頂は二段に削平され、帯状《おびじょう》腰郭《こしぐるわ》が三重の空堀に仕切られて段階状に続いている。

㊵鹿島《かしま》城跡（松山市鹿島）

天正十年（一五八二）に来島通総が毛利氏と河野氏から離反して羽柴陣営に走った際、伊予に取り残された来島一党は風早郡の恵《え》良《りょう》城や鹿島城を拠点に、通総の兄得居通之《そくいみちゆき》を首領に仰ぎ、毛利軍に抵抗した。天正十一年三月から六月にかけて毛利軍はたびたびこの城を攻撃するが、落城しなかった。天正十三年の秀吉による四国平定戦のあと、通総が城主として、鹿島城を居城とした。典型的な水軍城だが、頂上部の南角にわずかな石積みが見られるだけで、築城当時の遺構は何も残っていない。最初は来島城の支配城として築かれ、二神氏が城代として在住した。

㊶恵良《えりょう》城跡（松山市上難波）

恵良山頂にあった中世の城跡で、烏帽子山《えぼしやま》城とも呼ばれる。難波《なんば》氏歴代の居城であったが、南北朝の動乱期、忽那《くつな》氏や河野氏が築城し、その後、得居《とくい》半右衛門通之《みちゆき》（通幸）の居城となった。削平された山頂には二段の郭があり、周囲に腰曲輪をめぐらせている。北西部に二重の桝形郭を突出させ、山腹には城井戸の遺跡がある。慶長

恵良城跡

鹿島城跡

五年（一六〇〇）の関ヶ原の役により、来島氏が豊後に転封されて廃城となった。

㊷大通寺《だいつうじ》（松山市下難波）

曹洞宗安楽山大通寺は貞和年中（一三四五～五〇）、河野通有《みちあり》の孫通朝《みちとも》が大暁禅師を開山として創営した河野家の菩提寺である。寺は沖の鹿島と向き合い、背後に恵良山が聳《そび》えている。本尊は大通智勝仏で、戦国期に起こった来島通康・通総父子の兵乱で焼失した。その後、来島村上氏が再建して来島家の菩提寺とした。

境内には、文禄二年（一五九三）六月七日と慶長二年（一五九七）九月十六日に、文禄・慶長の役で戦死した得居通之と来島通総の墓がある。得居通之（享年三十五歳）の墓は五輪塔で、当時鹿島城主であった来島通総の墓は高さ二メートルの宝篋印塔である。

大通寺にある得居通之の墓

㊸枝越城跡《えだごえじょうあと》（今治市伯方町伊方）

伯方島西部の鼻栗《はなぐり》瀬戸を扼《やく》する水軍城跡。大三島の甘崎《あまざき》城へ移るまで、来島村上氏麾下《きか》の部将今岡氏がここに居城したと伝えている。今岡氏の屋敷跡には石垣が残り、井戸がほぼ原形のまま残っている。瀬山《せやま》にあった見張り台から、鼻栗瀬戸に入る船を監視したと伝え、背後の山頂には烽火台《のろし》があった。

㊹甘崎城跡《あまざき》（今治市上浦町甘崎）

鼻栗瀬戸の北東に位置した海上に浮かぶ水軍城で、天崎城とも書き、古城、岸の城、荒神城とも呼ばれている。古代からの海防城といわれているが、南北朝期の城主は今岡氏で、戦国時代は来島村上氏の支配下にあった。そのあと城主は来島通康、村上吉継と続き、最後は藤堂高虎の弟藤堂大輔《だいぶ》が支配した。海抜一七・七メートルの山頂は三段の削平跡があり、周囲の海岸には三十二列、延長七〇〇メートルにおよぶ石垣の礎が見られる。また、岩礁上には栈橋用の柱穴が多数、整然と並んでおり、北海岸には船入りの施設もある。対岸に水場という地名が残る。

㊺岩城《いわぎ》新城跡（越智郡上島町岩城）

来島村上氏は初代の右衛門尉吉房《よしふさ》のときから弓削島《ゆげじま》所務職に任ぜられて、弓削島や岩城島へ進出したが、この岩城新城はそのための繋《つな》ぎの城と考えられる。一般に新城といえば、小字先新城にある岬を指すが、そこは見張り台のあったところで、本城は小字新城にあった。現在は重山《かさねやま》八幡宮のある山の尾根だが、遺構は不明。

甘崎城跡

㊻岩城《いわぎ》亀山《かめやま》城跡（上島町岩城）

『伊予温故録』に八幡山城として、「岩城島亀山にあり、一に亀山城という。明徳三年、村上修理亮敬吉これを築き、天正年中に至るまで、村上氏代々の居城たり」と書かれているが、岩城島関立《せきたて》を支配した来島村上氏の居城跡と考えられる。現在は八幡神社の境内となり遺構は不明確だが、土塁と武者走りの跡が残っている。海上へ突出した城《じょう》の鼻《はな》の岩礁上には、桟橋か築城に使用されたと思える柱穴が約二十個発見できる。亀山城はその後、因島村上氏の居城となった。

岩城亀山城跡

大分県

㊼久留島《くるしま》城跡（大分県玖珠《くす》郡玖珠町森）

久留島城跡は四方を山で囲まれた玖珠盆地の三島山に構築された、豊後久留島氏の旧藩邸跡である。

慶長の役で戦死した来島通総を相続した康親は、関ヶ原の東西激突では最初西軍方であったが、途中から東軍方に寝返った。そのため滅亡は免れたが、伊予の所領を失い、翌慶長六年（一六〇一）に豊後森へ移封させられた。

海とかけはなれた山国の森は、広い瀬戸内海を舞台に活躍した来島氏にとってはまったく屈辱的で、手足をもがれたも同然の処遇であった。そこで来島氏は、日本最古の山岳城といわれる角牟礼《つのむれ》城麓の末広《すえひろ》山に城郭を築いて、ここに先祖代々信仰してきた大山祇《おおやまつみ》神社を祀り、一族の魂の拠《よ》り所とした。神殿正面に「日本総鎮守大山積大明神」という青銅製の扁額《へんがく》を掲げ、神殿両棟の鬼瓦に刻まれた神紋は「角《すみ》折《お》敷《しき》縮《ちぢみ》三《さん》」の大三島神殿と同じものである。現在は末広神社と呼ばれているが、境内は神域というより、堅固な城郭を思わせる。

㊽安楽寺《あんらくじ》（玖珠郡玖珠町）

大通山安楽寺は伊予の鹿島から豊後森へ移住した久留島氏の菩提寺である。関ヶ原合戦のあと、慶長六年（一六〇一）に豊後森へ転封させられた来島康親は、転封から十一年を経た慶長十七年三月二十五日に享年三十一歳で死去したが、その遺骸を葬ったのが、この安楽寺であった。

康親を相続して第二代の当主となったのは通春《みちはる》であったが、この

久留島城跡

通春のとき、これまでの来島の姓を久留島と改めた。

これ以後、安楽寺は久留島氏の菩提寺となり、境内の廟所には、初代康親以降の久留島家の当主と一族の墓が並んでいる。子孫の当主に童話作家として有名な久留島武彦氏（一八七四〜一九六〇年）がおり、町内の三島公園に巨人な自然石の童話碑が立っている。

因島村上氏

広島県

㊾長崎《ながさき》城跡（尾道市因島土生《はぶ》町長崎）

因島《いんのしま》村上氏が最初にかまえた拠点と推定され、長崎瀬戸に突出した岬に築かれている。本丸と二の丸跡があり、本丸跡から南西に郭《くるわ》がつづき、その下が船隠しになっていたが、現在は新しい施設が建てられ、まったく旧状をとどめていない。また、海に面した磯には桟橋の柱穴が多数あったが、造船所の拡張工事のため、ほとんど

長崎城跡

失われている。

　かつては海上に浮かんだ小島だったが、現在は背後の浅間（天狗）山の尾根と地つづきになっている。長崎城の控えの城といわれた荒神山城は、この山の尾根の先端部にあった。こちらも現在は荒神社が祀られ、旧状をとどめていないが、かなり大きな城郭だったと思われる。

㊿島前《しままえ》城跡（因島土生町）

　因島の西部に位置し、伊予の平内島《へいないじま》や岩城島《いわさじま》を眼前に、北麓に入江をひかえた標高二〇メートルの丘にある。山頂の郭は本丸を中心に南北に一つずつ三段あったが、現在は新しい施設が建てられて、旧状をとどめていない。南麓の長源寺谷《ちょうげんじたに》に村上氏の菩提寺があったと伝え、その跡地に野面《のづら》積みの石垣がある。城主は村上四郎左衛門直吉《なおよし》と伝えている。

㉛天神山《てんじんやま》城跡（因島田熊《たくま》町）

　田熊町の北方の尾根に築かれ、標高一八・二メートルの山頂に三段の郭を備えていたようだが、現在は天満宮の境内となっており、旧状をとどめていない。尾道市の鳴滝《なるたき》城主であった宮地氏が因島へ

天神山城跡

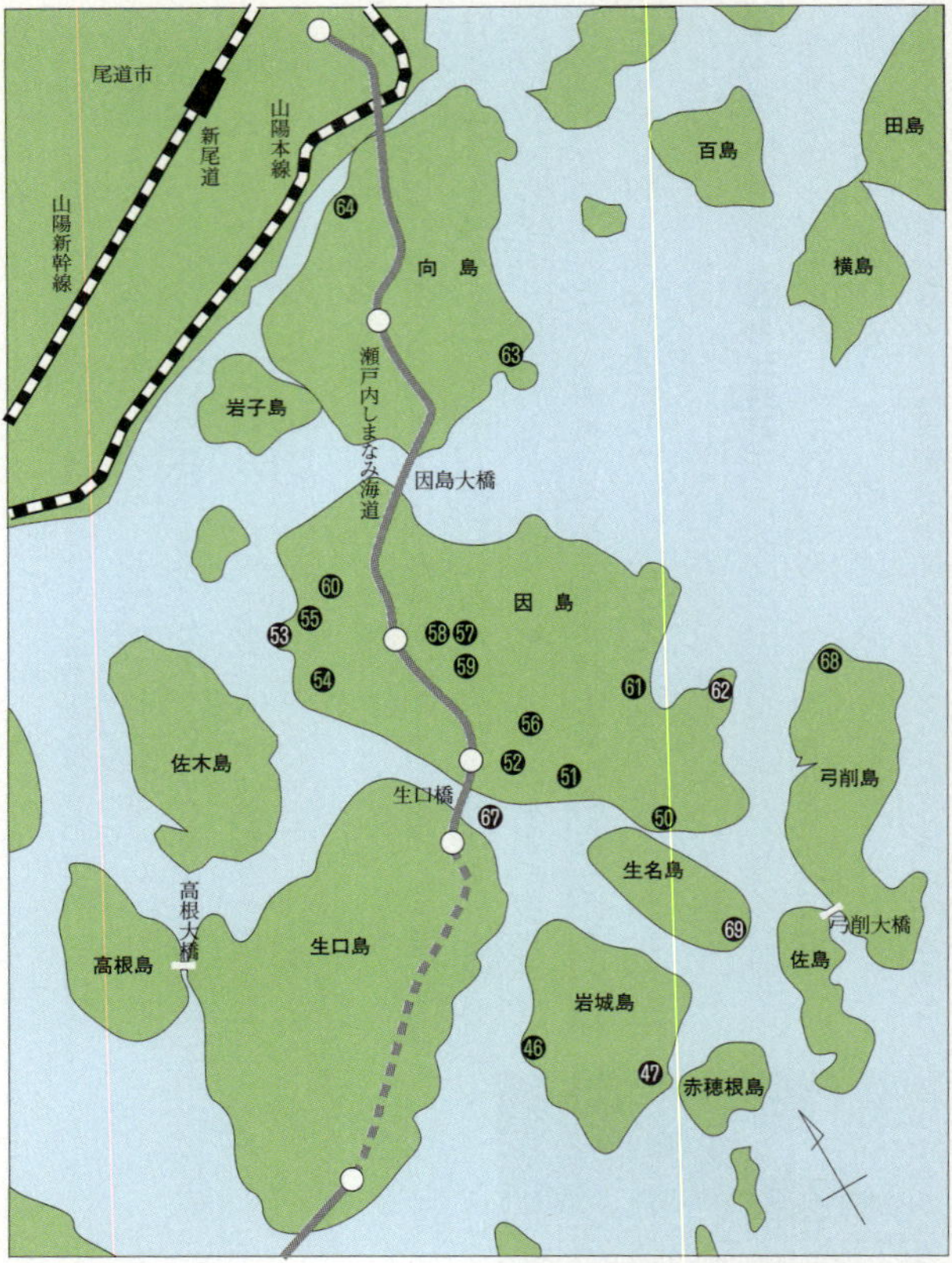
尾道市
新尾道
山陽本線
山陽新幹線
田島
百島
横島
向島
64
63
瀬戸内しまなみ海道
岩子島
因島大橋
因島
60
55
53
58
57
59
54
61
62
56
52
51
50
67
68
佐木島
弓削島
生口橋
生名島
69
高根大橋
弓削大橋
高根島
生口島
佐島
岩城島
46
47
赤穂根島

因島付近図

退去して最初に拠《よ》った城と伝えている。

52 馬《ま》神山《じんやま》城跡（因島重井町）

重井東港と重井西港の間に突出した岬の先端に築かれた水軍城で、標高九六・一メートルの山頂に本丸、その西に一段低く二の丸がつづく。城主は因島村上氏の三番家老であった末長矢治馬景光と伝えている。

53 天《てん》秀《しゅう》庵《あん》城跡（因島重井町）

因島村上氏の船奉行であった片山数馬連総《つらふさ》の居城で、片山城とも呼ばれる。天秀庵城の名は城麓の天秀庵に由来する。因島の北、龍王山の北麓に位置する土居形式の居城跡で、古図に本丸と二の丸が描かれている。北方の馬神山城と連携していたと思われる。

54 青《あお》木《き》城跡（因島重井町）

因島の北部、前方に細島《ほそじま》・小細島をのぞむ丘の上にあり、重井東港が俯瞰《ふかん》できる。標高五〇・六メートルの山頂には現在、龍王神社が祀られているが、比較的に旧状を保った郭が五段に連なり、武者走りも残っている。城麓には的場・裏木戸の地名を伝え、永禄十年（一五六七）に因島村上氏第六代の新蔵人吉充《よしみつ》が向島立花の余崎から

青木城跡

移って、ここに本城をかまえたといわれている。

⑮青陰《あおかげ》城跡（因島田熊町・中庄《なかのしょう》町青影）

因島の中央部、東の風呂山《ふろやま》と西の龍王山にはさまれた標高二七五・七メートルの青影山頂にある広島県指定の水軍城史跡。龍王山との間を急崖で区切った西端の三の丸跡から東へ四段の郭が一列に並び、東端の風呂山との間に城門があったと伝える。また、この城門跡から南に下ると、今岡屋敷跡と伝える削平地があって、今岡氏がここに居所をかまえていたことが推定できる。天授三年（一三七七）霜月十五日の釣島箱崎浦の合戦で信濃出自の村上師清《もろきよ》が今岡通《みち》任《とお》を倒して、後期村上水軍の始祖となったという伝承がある。

⑯金蓮寺《こんれんじ》（因島中庄町）

宝鏡山《ほうきょうざん》金蓮寺は因島村上氏の菩提寺で、本尊は薬師如来である。『因島村上家文書』の金蓮寺棟札写によると、文安六年（一四四九）八月吉日に宮地妙光と子息大炊助資弘《すけひろ》が願主となって建立したことがわかる。宮地妙光は備後鳴滝《なるたき》城主宮地弘躬《ひろみ》の嫡男で、鳴滝城が木頃《きごろ》（木）石見守経兼《つねかね》に攻められて落城したとき、因島に逃れて因島村上家二代吉資《よしすけ》の家臣となった人物である。その妙光が吉資の

金蓮寺にある因島村上一族の墓

青陰城があった青影山の遠望

ために外浦《とのうら》にあった寺をここに移転して再興したもので、境内にはおびただしい数の村上一族や家臣団の墓が並んでいる。

㊼大江《おおえ》城跡（因島中庄町）

因島中央部の天狗山（標高二九一メートル）から西へ伸びた尾根に構築された居城跡で、南から北へ三つの郭が連なっていた。西麓に城主の屋敷跡が残っているが、田熊の天神山城にいた宮地大炊助明光が、ここに移って城主となったと伝えている。この宮地氏は因島村上氏の四番家老で、海運業に活躍した人物である。

㊽幸崎《さいざき》城跡（因島大浜町）

因島の北東部の布刈《めかり》瀬戸に面した標高三六・七メートルの小山にある水軍城跡。かつて城郭があった場所には斎島神社や小祠が祀られ、旧状をとどめないが、北西の山麓に千人塚跡があって、永正年間（一五〇四～二〇）に来襲した田島・百島両村上氏と幸崎城主村上丹後守との合戦を語り伝えている。千人塚は、その合戦での戦死者を葬ったところである。なお、この村上丹後守の屋敷は、東方の大楠山《おおくすやま》北西中腹の土居跡にあったと伝えている。

59 千守《ちもり》城跡（因島三庄《みつのしょう》町千守）

三庄湾にのぞむ標高七九・二メートルの小山にある水軍城で、戦国期の城主は因島村上氏の部将篠塚貞忠《しのづかさだただ》と伝えている。山頂に削平された本丸跡があり、その本丸を中心に四段の郭が構築されている。北西に出丸があり、本丸跡に石垣と井戸が残っているが、戦国期の城主は因島村上氏の部将篠塚《しのづか》貞忠と伝えている。

60 美可崎《みかざき》城跡（因島三庄町美可崎）

三庄湾の南を扼《やく》する岬に構築された水軍城で、標高五六・七メートルの山頂を中心に、南から北へ二段の削平地がその遺構を伝えている。岬の南に船隠しといわれる入江があり、燧灘《ひうちなだ》を行く船舶から帆別銭・荷駄別役銭などの通行税を徴収する役目を負う船奉行が常駐していた。三庄の土居城に本拠を置く因島村上氏の五番家老南《みなみ》彦四郎泰統《やすむね》が城主で、金山亦兵衛康時を船奉行として通関業務を担当させていたと伝えている。

61 余崎《よざき》城跡（尾道市向島町立花）

向島の南方、布刈瀬戸に突出した観音崎に構築された水軍城で、山頂の本丸およびその南に連なる二の丸に遺構が残る。また東方に

千守城跡

余崎城跡

船隠し、または船溜りといわれる深い湾があり、背後に聳える標高二八三・二メートルの高見山《たかみやま》には見張り台があったと伝えている。弘治元年（一五五五）の厳島合戦によって向島を得た因島村上氏第六代の新蔵人吉充が築城してここに本拠をかまえ、永禄十年（一五六七）に因島の青木城へ移ったのちは、宮地大炊助の次男島居資長が在城したと伝えている。

62 小歌島《おかじま》城跡（向島町小歌島）

尾道と向島の間の尾道水道にのぞむ向島側の小さな丘に構築されていた水軍城跡。もとは小島であったが、今は陸つづきになっており、海抜二六・四メートルの山頂を中心に数段の郭跡がある。城主は向島南方の余崎城跡と同じく、村上吉充と推定される。中世、向島は歌島《うたのしま》（宇多島）と呼ばれていたので、今にその名が残っているのである。

63 茶臼山《ちゃうすやま》城跡（尾道市百島町）

百島《ももしま》の北方福田港から内陸部へ上がった尾根の山頂にある百島村上氏の居城跡で、百島村上氏の菩提寺万松山西林寺《さいりんじ》の裏手にある。

小歌島城跡

標高八〇メートルの城跡は畑地と化して遺構は不明だが、因島村上氏第三代吉充の子吉房《よしふさ》が百島に移住し、その嫡子吉高《よしたか》が築城したと伝えている。この吉高の嫡子が喜兵衛高吉で、この人が村上水軍の合戦記である『武家万代記』の「三島海賊家軍日記」の口述者と思える。一般にはこれを住吉大社発行の『すみのえ』に掲載された『武家万代記』の校注により、因島村上氏六代新蔵人吉充の弟新右衛門隆吉の子喜兵衛元吉とするが、これは明白な誤りである。厳島合戦当時、この元吉は生まれておらず、文禄元年（一五九二）に二十七歳で毛利輝元に従軍した朝鮮の役では、「軍日記」に記載された「唐島合戦」とはちがう戦場（慶尚南道《キョンサンナムド》茂渓《ムゲエ》の洛東江《ナクトガン》渡しぐち）で戦い、毛利氏から感状を授与されているからである。詳しくは学研M文庫『村上水軍興亡史』の拙稿「考証・武家万代記」を参照されたい。

なお、この村上喜兵衛高吉の墓は、彼が開基した西林寺墓所にあり、この寺には、高吉が朝鮮から持ち帰った木造の地蔵尊が祀られている。

大可島城跡

64大可島《たいがしま》城跡（福山市鞆町後地）

鞆《とも》町の南方に突出した陸繫島が大可島で、標高一〇メートルの山頂に築かれていたのが大可島城である。築城年代は古く、南北朝期だが、天文十三年（一五四四）に因島村上氏第五代尚吉《なおよし》が大内義隆からこの地に所領を与えられ、尚吉の三男左衛門大夫祐康《すけやす》（亮康）がこの大可島城に拠り、鞆ノ津と備後灘の警備に任じていた。現在は真言宗円福寺の境内となり、城の遺構は喪失している。

その他

65亀島《かめしま》城跡（越智郡上島町生名《いきな》）

島前城の沖三五〇メートルの位置に浮かぶ小島で、山頂に二段の郭が認められる。島前城の出城と推定されるので、城主も村上直吉である。竹島城とも呼ばれる。

66宇多《うだ》城跡（上島町弓削久司浦）

弓削島の北端西側にあって、因島の美可崎城がある岬と相対しているので、因島村上氏の支城であったと思われる。鶴が浜をのぞむ山上に郭跡が残る。

亀島城跡

67 高松《たかまつ》城跡（上島町生名一番地）

佐島の対岸で、弓削水道から岩城瀬戸へ向かう航路上の要地であったため、因島村上氏の支城であったと推定される。東西約三〇〇メートルにわたる半島状の台地と斜面に直線連郭式の城跡が残る。

68 葛籠葛《つづらくず》城跡（松山市堀江町）

和気浜にのぞむ水軍城跡で、北麓の急な崖下《がけした》に国道と予讃線を隔てて海が開けている。山頂から尾根にかけて十段にもおよぶ郭を直線に連ね、それを三つの空堀で仕切って、石垣も残っている。多分に疑念が残るが、『河野分限録』に村上備中守吉光《よしみつ》の居城とあり、天正八年（一五八〇）に、因島村上氏の一族である葛籠葛城主村上吉《よし》高《たか》と府中老曽山《おいそやま》城の村上監物太郎が、来島氏に加担したという理由で河野氏に討伐されたと『予陽河野家譜』にある。元来は来島村上氏の枝城であったように思える。

69 長本寺《ちょうほんじ》（今治市菊間町）

慶長五年（一六〇〇）九月十六日に伊予の古三津で戦死した村上吉忠《よしただ》（因島村上氏六代吉充の弟）の子吉国《よしくに》は、子息に恵まれぬ吉充の養子となったが、吉充の没後、襲名して義光と名乗った。彼は慶長十三年に伊予国越智郡大島の余所国《よそくに》へ移住し、さらに越智郡亀岡村（菊間町）の佐方《さかた》へ移って帰農し、寛永十九年（一六四二）に没して佐方村の真言宗長本寺に葬られた。したがって、この宝珠山《ほうじゅさん》地蔵院長本寺は因島村上氏の菩提寺で、本堂には村上氏歴代武将の位牌が祀られている。また山門前方の丘の上には、元和九年（一六二三）二月没と伝える因島村上氏六代新蔵人吉充と伝える墓がある。

⑳極楽寺《ごくらくじ》（山口県防府市牟礼）

因島村上氏は、八代元充《もとみつ》のとき周防の三田尻《みたじり》に移住して長州毛利氏の船手組番頭《ばんがしら》となり、世襲して幕末維新に至った。その菩提寺がこの佐波《さば》郡牟礼《むれ》村にあった雲岩寺《うんがんじ》である。現在は極楽寺と代わったが、ここには元充以降の歴代の墓が整然と並んでいる。なお、本堂には初代から七代までの位牌も祀られているので、この寺が因島村上水軍家直系の菩提寺であることがわかる。

ほかに伯方島の北浦には大夫殿《たゆうど》城《じょう》狼煙台《のろしだい》があり、因島の青陰《あおかげ》城へ合図を送ったという伝承や、菊間町佐方の無宗天《むそうで》城跡は村上備中守吉光の持ち城であったという『河野分限録』の記載があるが、これは水軍城でないので削除した。

また、大三島の大三島町には台《うてな》城跡、明日《あけび》城跡、尾之部《おのべ》城跡、稲《いな》積《づみ》城跡、水谷《みずたに》城跡、御串山《みくしやま》城跡、上浦町には多々羅《たたら》城跡、小海《こうみ》城跡などがあるが、三島村上水軍の居城跡とはいえないのでカットした。これらは大三島大祝《おおはふり》家支配下の水軍城跡である。多々羅と小海の二城は村上義弘の子孫島左衛門が大内氏の代官として支配していた。さらに、来島海峡の東の入口にあたる大浜・砂場《さば》（今治市）と、今治市沖の燧灘に浮かぶ平市《へいち》島にも来島村上氏が支配していた水軍城があったといわれているが、詳しいことはわからない。

台城跡

今治市村上水軍博物館

〒794-2203　愛媛県今治市宮窪町宮窪1285

［TEL］0897-74-1065

平成16年に、宮窪瀬戸や能島城跡を望む地に開館。能島村上水軍家の直系の子孫に伝わる水軍関係の貴重な資料が収蔵・展示されている。

◆交通／

【尾道・本州方面から】大島北ICから約3km

【今治・四国方面から】大島南ICから約10km

因島水軍城

〒722-2211　広島県尾道市因島中庄町3228-2

［TEL］0845-24-0936

昭和58年、全国唯一の水軍城と銘打って開館された。資料館には村上水軍家の武具や古文書類が陳列され、展望台となっている隅櫓には軍船模型などが展示されている。

◆交通／

【本州方面より】しまなみ海道「因島IC」より車で5分

【四国方面より】しまなみ海道「因島南IC」より車で10分

三島村上水軍関連年表

森本　繁●実証歴史作家

年号	西暦	事項
承和五	八三八	山陽・南海道に海賊横行し、国司に鎮撫させる（『続日本紀』）。
貞観九	八六七	伊予の海賊、宮崎付近に屯集して掠奪（『三代実録』）。
天慶二	九三九	南海の賊首藤原純友、党を結び伊予日振島に屯聚（『日本紀略』）。
三	九四〇	追捕南海凶賊使を任命し、海賊を取り締まる。
四	九四一	藤原忠文、征夷大将軍となり、越智好方、村上・奴田（沼田）両氏を率い純友を討つ。
寛仁三	一〇一九	女真族刀伊、対馬・壱岐・筑前に来冦。
康平六	一〇六三	前九年の役平定の功により、源頼義、伊予守に任ぜらる。
承暦四	一〇八〇	越智親経と村上仲宗、伊予守源頼義の命により、伊予大島に龍慶寺を造営。
寛治八	一〇九四	白河院呪詛事件により、村上仲宗と諸子が流罪となり、第四子盛清、信濃に配流。
大治四	一一二九	備前守平忠盛、山陽・南海両道の海賊を追捕。

仁平三	一一五三	仁平事件により、村上盛清の第二子定国、伊勢へ流罪。
保元一	一一五六	保元の乱。村上定国、海賊の首領となって瀬戸内海へ進出。
平治一	一一五九	平治の乱。村上定国、伊予の野島（越智大島）に定住。
仁安二	一一六七	平清盛、太政大臣となる。
治承四	一一八〇	源頼朝、伊豆で挙兵し、河野通清、伊予高縄山で呼応。
元暦一	一一八四	河野通信、奴可入道西寂を討ち、父通清の仇を報ず。
文治一	一一八五	屋島の合戦。長門壇ノ浦の戦い。平氏滅亡。
建久三	一一九二	源頼朝、征夷大将軍となり、鎌倉幕府を開く。
承久三	一二二一	承久の乱。河野通信、奥州へ配流。
文永一一	一二七四	文永の役。
弘安四	一二八一	弘安の役。河野通有、筑前博多に出陣し、勇名をとどろかす。
元応一	一三一九	幕府、瀬戸内十二ヵ国の要所に警固所を設け、地頭・御家人を交代で勤務させる。
元弘一	一三三一	元弘の変。
三	一三三三	北条氏滅亡。後醍醐天皇の新政。因島本主治部法橋幸賀館へ大塔宮より令旨。
延元一	一三三六	足利尊氏、中興政権に反逆。西走後、東上して京都を回復。南北朝分裂。
三	一三三八	足利尊氏、征夷大将軍となる。懐良親王、征西将軍となり、新居大島へ下向。
四	一三三九	征西将軍宮懐良親王、新居大島から忽那島へ渡る。

興国三	一三四二	懐良親王、九州へ移り、薩摩の谷山御所に拠る。脇屋義助、伊予へ下向後、死去。
正平二	一三四七	懐良親王、熊野・瀬戸内の海賊衆数千の援助を得て薩摩東福寺城を攻撃。
三	一三四八	懐良親王、海路を迂回して肥後宇土港へ上陸。菊池氏の本拠肥後隈府城に入る。
四	一三四九	幕府、伊予弓削島荘の警固と年貢輸送につき野島氏らに酒肴料・兵士料を支給。
五	一三五〇	観応の変。足利直冬、九州で挙兵。倭寇、高麗沿岸を侵す。
七	一三五二	足利直冬、南朝に帰順。倭寇、高麗沿岸を侵し、累年継続。
十四	一三五九	懐良親王・菊池武光麾下の征西府軍、少弐頼尚の率いる軍勢を筑後川で破る。
十六	一三六一	懐良親王、大宰府に征西府を樹立。以後、文中元年（一三七二）まで存続。
二〇	一三六五	伊予守護河野通堯、細川頼之と戦って敗れ、征西府に帰順。
二一	一三六六	倭寇の高麗侵攻つづき、高麗使、禁寇を請う。
二四	一三六九	明の洪武帝、懐良親王に禁寇を要求。河野通直（堯）、伊予を回復。
建徳二	一三七一	今川貞世、九州探題として赴任。
文中一	一三七二	征西府、筑前大宰府より筑後の高良山へ撤退。
三	一三七四	この頃、海賊大将軍村上義弘没。今川貞世、九州を制圧。
天授三	一三七七	村上師清、信濃より伊予能島へ下向。釣島箱崎浦の霜月合戦で勝利。

五	一三七九	足利義満、河野通直に細川頼之の追討を命ずるが、逆襲され佐志久原で敗死。
弘和三	一三八三	懐良親王没。明の洪武帝、日本と通交を絶つ。
元中九	一三九二	南北朝合一。高麗王朝滅亡、李氏朝鮮建国。
応永六	一三九九	応永の乱。村上山城守師清没（八十三歳）。山城守義顕、家督を継ぐ。
一一	一四〇四	勘合貿易開始（見返りは禁寇と献寇）。
二六	一四一九	応永の外寇（朝鮮兵、対馬に来攻）。
二七	一四二〇	朝鮮回礼使宋希璟、来日。この年頃、来島村上右衛門尉、弓削島所務職。
正長一	一四二八	備中守護山名時熙、因島村上備中入道に田島地頭職を与える。
永享六	一四三四	明の使節入京し、禁を要請。幕府、因島村上氏に遣明船の海上警固を命ず。
宝徳一	一四四九	伊予守護河野教通、因島村上備中守に宛て伊予佐礼城攻略の軍忠状を与える。
三	一四五一	幕府、東洋允澎らを明国に遣使（第一回遣明船）。
康正二	一四五六	この年頃、村上治部進、弓削島所務職。
長禄二	一四五八	村上山城守義顕没（七十三歳）。山城守雅房、家督を継ぐ。
寛正一	一四六〇	幕府、天与清啓らを明国に遣使（第二回遣明船）。
三	一四六二	この頃、岩城島の関立・公文、海賊により討滅さる。村上吉資、因島地頭職に任ぜらる。
六	一四六五	幕府、村上氏を含む諸国所々の海賊に遣明船の警固を命ず。
明応八	一四九九	足利義稙、瀬戸内へ下向、村上雅房これを周防大内家へ護送。

永正五	一五〇八	足利義稙、大内義興に擁されて上京。三島村上水軍、一行を警固し、軍功あり。
一二	一五一五	村上山城守雅房没（五十五歳）。山城守隆勝、家督を継ぐ。
大永七	一五二七	村上山城守隆勝没（五十一歳）。その嫡子義雅早世につき、嗣子義益と武吉、家督を争う。
享禄四	一五三一	この頃より、天文二年（一五三三）にかけて来島の通康をめぐる河野家継嗣紛争あり。
天文九	一五四〇	周防大内義隆、勘合貿易を開始。
一〇	一五四一	周防大内水軍、大三島に来襲（六月、十月）。大祝安舎、来島・村上・今岡の援軍により撃退。
一三	一五四四	大内水軍、伊予風早郡中島に来襲（四月）。忽那・村上・今岡らの水軍、協力してこれを撃退。大内義隆、因島村上氏に備後鞆浦で所領を給与。
一五	一五四六	大内水軍、越智郡島嶼部に来襲（二月・八月）。
二〇	一五五一	陶隆房、大内義隆を弑逆。陶軍の兵糧船、上関強行突破。村上水軍と蒲刈瀬戸海戦。
二一	一五五二	陶晴賢（隆房）、厳島および各海関での駄別料徴収権を制禁。毛利氏、この年より翌年にかけて安芸・備後を制圧。小早川隆景、備中笠岡へ進出して、能島村上氏に所領を給与。因島村上氏を支配下に置く。
二三	一五五四	毛利氏、陶晴賢と断交し、安芸の陶方諸城を攻略。折敷畑合戦。
弘治一	一五五五	安芸厳島合戦。三島村上水軍、毛利軍に加勢して陶水軍を壊滅。

三	一五五七	毛利氏、大内義長を滅ぼし、防長両国平定。三島村上水軍、周防灘・関門海峡封鎖。
永禄四	一五六一	毛利氏の門司城をめぐる豊後大友氏との合戦に三島村上水軍加勢し、大友軍を破る。
一一	一五六八	毛利氏、伊予に出兵して河野氏を救援。
一二	一五六九	毛利軍、筑前立花城を攻略し、北九州を制圧するも、領内の一揆により撤兵。能島村上武吉、豊後大友氏と結び、毛利氏に背く。出陣要請を拒否。
元亀一	一五七〇	村上武吉、毛利氏へ血判起請文を差し出す。来島牛松丸（通総）、梅仙軒知行所を押領。
二	一五七一	村上武吉、備前の浦上宗景、豊後の大友義鎮と通じ、毛利氏に背く。小早川水軍、因島・来島両村上水軍と協力して能島と塩飽島を攻略。
天正二	一五七四	村上武吉、再び毛利氏に服属し、忠誠を誓う。
四	一五七六	大坂木津河口海戦。三島村上水軍、織田水軍を破り、石山城へ兵糧搬入。
六	一五七八	三島村上水軍、毛利軍の播州上月城攻略に海上封鎖で協力。第二次木津河口海戦。三島村上水軍、織田水軍の鉄甲大安宅船の火力に敗北。
七	一五七九	来島村上通総、河野氏に背き、河野氏の諸城を攻略。
一〇	一五八二	秀吉の勧降戦略により、来島村上氏、毛利氏に背く。小早川水軍、能島・因島両村上氏とともに来島方諸城を攻略。通総、上方へ敗走。

一三	一五八五	四国天正の陣。来島村上通総、秀吉の命により伊予に帰国し、毛利軍の先頭に立って伊予を攻略。河野氏滅亡。小早川隆景、秀吉の命により、来島海峡より能島村上氏を退去させる。能島村上氏、本拠を安芸竹原の鎮海山城へ移す。小早川隆景、伊予を領し、来島通総・得居通之、風早郡で所領を給与される。
天正一五	一五八七	秀吉の九州制圧により、小早川隆景が筑前へ転封、能島村上氏もこれに扈従。
一六	一五八八	秀吉、海賊禁止令を発布。秀吉、能島村上氏の海賊行為を叱責。
一九	一五九一	秀吉、明国出兵を決め、沿岸諸国に軍艦の建造を命ず。
文禄一	一五九二	秀吉、明国出兵を命じ、名護屋へ着陣。村上武吉、長門大津郡に蟄居。
二	一五九三	来島水軍得居通之、朝鮮唐頂浦の海戦で敗死（六月七日）。
慶長二	一五九七	来島水軍来島通総、朝鮮鳴渡洋の海戦で敗死（九月十六日）。
三	一五九八	豊臣秀吉没。日本軍、朝鮮から撤退。村上武吉、竹原鎮海山へ帰城。
五	一六〇〇	関ヶ原合戦。能島村上元吉、因島村上吉忠らとともに毛利氏の命を奉じ、伊予松前城に加藤軍を攻撃中、奇襲されて敗死。毛利氏、防長両国に削封。能島村上景親、周防大島へ移住。因島村上吉充、備後より長門の矢田間に移るも、致仕して因島へ帰る。
六	一六〇一	能島村上武吉、周防大島へ移住。来島氏、豊後の玖珠郡森へ転封。
九	一六〇四	村上武吉、周防大島で没（七十二歳）。

一五	一六一〇	因島村上吉国（吉充の養子）、義光と名乗り、伊予佐方村に永住。能島村上元武（元吉の嫡子）、萩に召し出され、毛利家に仕官。
一六	一六一一	村上元武、粟屋元時とともに萩藩御船手組頭となり、三田尻に居住。
一八	一六一三	能島村上景親没。嫡子元信、家督を継ぐ。
元和四	一六一八	村上元信、元武とともに並び萩藩御船手組頭となる。
寛永年間	一六二四〜一六四三	因島村上元充、三田尻警固町に居住し、萩藩御船手組の番頭となる（『家伝』）。
		（三島村上水軍家の末路総括）
		①来島村上氏　豊後玖珠郡八ヵ村、日田郡十一ヵ村、速見郡二ヵ村、 一万四〇〇〇石
		②能島村上氏　村上図書家―萩藩船手組頭二三九三石 村上一学家―萩藩船手組頭一六五五石
		③因島村上氏　村上太左衛門家―萩藩船手組番頭三九八・五石 伊予佐方村上家―帰農

著者紹介（五十音順）

中島篤巳（なかしま・あつみ）
一九四四年、山口県出身。作家・片山流柔術宗家。著書に『正忍記』（新人物往来社）、『忍術秘伝の書』（角川選書）、『日本山名辞典（三省堂）』ほか。

羽生道英（はぶ・みちひで）
一九三五年、大阪府出身。歴史小説作家・滋賀文学会名誉会長。著書に『豊臣秀次』（PHP文庫）、『あの戦国武将の意外な素顔』（新人物文庫）、『小説・母里太兵衛』（学陽書房）ほか。

福川一徳（ふくかわ・かずのり）
一九四〇年、香川県出身。戦国史研究家。編著・校訂に『西国武士団関係史料集』『久留島藩士先祖書』（文献出版）、共著に『黒田如水のすべて』（新人物往来社）ほか。

村上　護（むらかみ・まもる）
一九四一年、愛媛県出身。作家・評論家。著書に『放浪の俳人山頭火』（東都書房）、『きょうの一句　名句・秀句365日』（新潮文庫）、『日本の海賊』（講談社）ほか。二〇一三年、逝去。

森本　繁（もりもと・しげる）
一九二六年、愛媛県出身。実証歴史作家。著書に『村上水軍全史』『村上水軍全紀行』（新人物往来社）、『村上水軍興亡史』（学研M文庫）ほか。

山内　譲（やまうち・ゆずる）
一九四八年、愛媛県出身。松山大学教授。著書に『瀬戸内の海賊―村上武吉の戦い―』（講談社）、『中世の港と海賊』（法政大学出版局）、『海賊来島村上氏とその時代』（自家版）ほか。

本書は、『別冊歴史読本』特集「戦国水軍と村上一族」（二〇〇五年七月刊、新人物往来社）をもとに新編集しました。

新人物文庫
戦国最強の水軍村上一族のすべて
2014年3月28日　第1刷発行

編　者『歴史読本』編集部（れきしどくほんへんしゅうぶ）
発行者　川金　正法
発行所　株式会社KADOKAWA
〒102-8177　東京都千代田区富士見2-13-3
03-3238-8521（営業）
http://www.kadokawa.co.jp
編　集　中経出版　新人物文庫編集部
〒102-0083　東京都千代田区麹町3-2 相互麹町第一ビル
03-3262-2124（編集）
http://www.chukei.co.jp

落丁･乱丁のある場合は、送料小社負担にてお取り替えいたします。
古書店で購入したものについては、お取り替えできません。

DTP／ニッタプリント　印刷・製本／中央精版印刷

ISBN978-4-04-600264-8　C0121